Les Femmes battues se rebellent

Alban Éditions
47 bis, rue du Commerce
75015 Paris
www.albaneditions.com

ISBN : 978-2-911751-49-3

Aldo Rocco

# Les Femmes battues se rebellent

*Traduit de l'italien*
*par René Biancarelli*

Alban Editions

# *Avant-propos*

La tentation d'aborder de nouveau les violences conjugales était trop forte pour Aldo Rocco qui a fait de ce sujet le moteur principal de son inspiration. Après avoir étudié avec précision dans son premier ouvrage, *Pourquoi les hommes battent leurs femmes*, les raisons qui poussent les hommes à maltraiter les êtres qui leurs sont chers, et en particulier les femmes (thème du reste présent de façon dramatique dans le livre suivant, *GHB – La drogue du viol*), Aldo Rocco affronte une nouvelle fois les bleus et les coups infligés au beau sexe, peut-être poussé par un désir de revanche.

Cette fois-ci, ce n'est pas par hasard si les personnages auxquels il a choisi de donner la parole sont des femmes, presque toutes des épouses, qui ont décidé de s'opposer aux maltraitances physiques et psychologiques. Plus ou moins heureux selon les cas, leurs efforts leur ont permis de s'affranchir de la brutalité. Il ne s'agit pas, loin s'en faut, d'une libération révolutionnaire.

Ce qui frappe dans ce texte, c'est justement la banalité des aspirations de ces femmes. Le fait qu'un être humain récupère sa dignité ne devrait pas faire l'objet de discussion ; pourtant le monde décrit par les protagonistes de ces neuf histoires vraies est un univers dans lequel des éléments aussi essentiels que le droit de vivre, de s'autodéterminer et de ne pas être réduit à l'esclavage semblent des prétentions dépassant largement la justice sociale ordinaire.

# *Introduction*

Après avoir interviewé des femmes et des hommes impliqués dans des violences conjugales, les premières en tant que victimes et les seconds comme persécuteurs, et contribué en France, avec mon livre *Pourquoi les hommes battent leurs femmes*, à une campagne de presse capable de sensibiliser l'opinion publique, mon intérêt a changé.

Sur le moment, une telle évolution me laissa perplexe. Certes, ma curiosité à propos des mécanismes conduisant certains hommes à libérer tant de brutalité envers des êtres aimés était satisfaite. Mais les raisons pour lesquelles les femmes supportaient en silence de tels outrages continuaient à m'échapper.

Les héroïnes malheureuses de l'œuvre qui suit ont été prodigues en explications. La terreur parfois vérifiée que les mauvais traitements les anéantissent dans une escalade destructrice était un sentiment capable de les paralyser jour après jour, semaine après semaine, année après année. À cela s'ajoutait une passion aveugle qui retardait sans cesse la reconnaissance de l'homme aimé comme le malade brutal qu'il était en réalité.

Le manque de compréhension de leur situation par un environnement insensible voire lâche rendait encore plus difficile leur libération d'un joug existentiel intolérable. J'observais en général une peur excessive mêlée à une trop grande indulgence. Toutes avaient finalement réagi d'une manière ou d'une autre, mais avec un retard considérable.

(...)

C'est surtout cet impossible partage des vicissitudes qui n'ont pas grand-chose d'humain qui m'a poussé à entreprendre de nouvelles recherches. Ces dernières ont mis en lumière des événements vécus dans la noirceur des drames antérieurs, débouchant toutefois sur une réaction salvatrice.

Plus simplement, la loi du silence qui pèse sur les violences conjugales est la même que celle menaçant l'affranchissement des victimes par elles-mêmes. Il s'agit d'épisodes sporadiques, beaucoup moins fréquents que les nombreux mauvais traitements infligés par les hommes dans le milieu familial, mais ils existent. En exposer certains, suffisamment exemplaires, servira peut-être à tracer une voie permettant de sortir du cercle vicieux de la brutalité.

Si nous voulons comprendre pourquoi des femmes de caractère (habituellement, les victimes sont plus fortes que leurs persécuteurs) s'abandonnent sans rien dire à toutes sortes de soumissions, nous devons observer les éléments à la base du comportement de celles qui au contraire réagissent avec fierté, se rebellent sans nécessairement reporter sur leur agresseur la férocité dont elles ont fait les frais.

Grâce à la révolte de quelques-unes, nous pouvons identifier en comparaison les germes de la passivité des plus nombreuses. Même si parfois la soumission continue de ramper au sein même d'une émancipation apparente et glisse vers la naïveté en favorisant des tragédies pires encore.

Pourquoi ne dénoncer son mari aux gendarmes qu'à la centième raclée ? Pourquoi l'argument le plus fort condamne une famille au nom d'un amour malade ? Si l'on examine les faits divers, à savoir les épisodes pour lesquels il ne reste plus rien à faire hormis chercher à comprendre les dynamiques en présence, on reste déconcerté devant l'absurdité de certains comportements. Il faut alors plonger au fond du drame pour en tirer un enseignement.

Des femmes régulièrement tourmentées finissent par réagir. Avec l'aide de parents auxquels, au bout d'un certain temps, elles se sont décidées à confier leur secret, elles dénoncent celui qui les bat et reçoivent la protection des forces de l'ordre. Toutes, à un moment de leur parcours, ont manifesté une crédulité envers celui qui les maltraitait. Toutes ont avalé des couleuvres. Toutes ont cru que les promesses étaient vraies, que la bête ne se manifesterait plus. Toutes ont pensé que cela valait la peine de lui offrir une autre chance, puis une autre et une autre encore.

Et leur libération, comment s'est-elle passée ? Comment ont-elles vécu le fait de se retrouver face à un tel abîme ? Toute inférence est et reste inappropriée. Mieux vaut faire parler celles qui aujourd'hui peuvent et veulent le faire, et simplement les écouter.

Je ne suis ni un anthropologue ni un scientifique, mais un écrivain curieux qui croit nécessaire de donner à son travail une dimension autre que fantaisiste. Il ne m'appartient pas de tirer des conclusions ou de faire des diagnostics. Mais témoigner a toujours été la prérogative de l'écrivain, plus encore que de l'historien, et c'est à cette prérogative que je fais appel en rédigeant ce second livre.

Dans le passé, il m'a été reproché de ne pas avoir traité sous forme d'essai un thème que j'avais pourtant abordé avec une scrupuleuse honnêteté. J'ai fait ce choix parce que j'ai voulu romancer les témoignages des personnes interviewées afin de faciliter aux lecteurs, même les plus humbles, l'appropriation du texte.

Cependant, j'ai essayé dans la présente œuvre de limiter l'aspect romancé à une « mise en forme »[1] cohérente des témoignages souvent fournis de manière plus intermittente, toujours avec pour but d'en faciliter la lecture.

La fluidité d'un passage, sa subdivision en dialogues et scènes d'action sont des instruments auxquels je n'ai pas voulu renoncer, ayant toujours à l'esprit l'objectif de ce travail : faire émerger, en les diffusant, quelques-unes des mille histoires les plus affligeantes.

Les femmes interviewées appartiennent à des classes sociales et à des pays différents, ce qui souligne, une fois encore, que la nature de leurs souffrances relève de la pandémie. Toutes n'ont pas réagi de la même manière, n'appartenant pas au même terreau culturel. Mais, en chacune d'elles, la force de la révolte apparaît comme un cri de dignité qui ne doit pas rester inécouté.

[1] En français dans le texte (N.D.T.)

# MARTINE

Je rencontre Martine dans son restaurant de la Bastille à Paris. Elle a quarante-cinq ans, les cheveux châtains, la peau très mate et les yeux noisette légèrement en amande.

– D'après ma mère, qui était pourtant blonde aux yeux bleus, l'une de mes trisaïeules était polynésienne, explique-t-elle.

– Les gènes sautent parfois quelques générations, fais-je remarquer.

– Oui, vous avez peut-être raison.

Son sourire n'est pas des plus radieux, on comprend qu'elle a dû en baver, mais à son regard on en déduit aussi qu'elle s'en est sortie. Un coup d'œil au magnétophone posé sur la table révèle une timidité passagère. Je lui demande :

– Cela vous dérange ?

– Non, pas vraiment, même si je n'arrive pas à l'oublier. Mais je pense que, d'ici peu, je n'y ferai plus attention.

– Je le crois aussi.

J'ai rencontré Martine grâce à des connaissances. Un ami travaillant dans un cabinet d'avocats a servi d'intermédiaire, bien sûr après l'accord de l'intéressée. Elle a lu mon précédent livre, l'a trouvé crédible, et a accepté de me rencontrer. Pour la même raison, elle ne montre aucune difficulté à entrer dans le vif du sujet, semblant même impatiente.

X – Claude a commencé à me frapper tout de suite après notre mariage.

– Quel âge aviez-vous alors ?

– Vingt-cinq ans, et lui trente. Il était si mignon. À Bordeaux, j'avais l'impression qu'il n'y avait pas de garçon aussi beau, au moins dans le milieu que je fréquentais.

Martine fait allusion à la moyenne bourgeoisie du Sud de la France. Sa famille exploitait plusieurs vignes dont le vin était commercialisé par la famille de Claude. Il avait été facile de faire connaissance, dès la fin de la fac.

– J'ai fait des études d'économie et de commerce, comme lui auparavant (Martine jette un regard autour d'elle), mais nous avons tous les deux fait carrière dans la restauration.

Je réponds en suivant son regard :

– Votre restaurant est aussi une entreprise commerciale, du moins à ce niveau.

– C'est vrai. Nous en avons un autre à Bordeaux, très connu. Somme toute, Claude représentait un bon parti et il était également beau. Ce qui ne veut pas dire que j'étais, à l'époque, repoussante.

Je réponds à sa délicieuse coquetterie :

– Je n'en doute pas.

J'ajoute quelques galanteries sur le fait que l'âge n'a aucune influence sur elle. L'âge non, mais la souffrance lui a sillonné les joues de rides que le bonheur ne lui aurait pas imposées.

Martine poursuit :

– Le mariage fut magique ; la cérémonie, très belle et la lune de miel, charmante… jusqu'au matin.

Elle se tait. Son regard embarrassé tombe à nouveau sur le magnétophone. Je lui demande le plus délicatement possible :

– Il vous a frappée dès le matin suivant ?

– Oui. Et la chose la plus moche a été de ne pas comprendre pourquoi. Nous avions très bien fait l'amour. Ce n'était pas la première fois. Les rapports avant le mariage dans les années 1980 n'étaient pas une nouveauté, bien que mes parents fussent très catholiques et qu'ils m'eussent élevée avec une certaine rigueur. Mais je n'avais pas envie de passer pour une idiote. Je n'aurais pas été capable d'attendre jusqu'aux noces et de toute façon je ne le voulais pas. Mais je me sentais comme légitimée par notre union. La cérémonie, les fleurs, le départ imminent pour l'Île Maurice, et même le certificat de mariage, m'apportaient un sentiment de sécurité et de liberté. Ce qui s'était passé entre nous avant était officialisé pour le reste de notre vie et cela faisait que je me sentais vraiment à lui. Cette nuit-là, je me suis donnée sans pudeur, dans une complète liberté. Ça lui a beaucoup plu et je n'étais pas en reste. Puis, le matin, il a commencé à me questionner sur mon premier fiancé, Pierre. Ce que j'avais fait. Comment c'était le sexe avec lui. Si avec lui aussi j'avais fait ces... ces choses-là... si j'avais été comme ça... Je lui ai demandé « Mais qu'est-ce que tu racontes ? » et paf ! il m'a fendu la lèvre d'une gifle qui m'a envoyée sur le lit. J'étais si étonnée que je n'ai même pas pleuré. J'ai porté ma main à ma bouche et j'ai vu le sang couler sur mes doigts. (Elle mime le geste en parlant. Tout est encore présent dans son esprit, comme si les faits s'étaient déroulés quelques heures plus tôt. Son expression reproduit aussi l'effroi.) Puis Claude s'est levé et il est allé à la salle de bains, en me laissant sur le tapis. Alors j'ai commencé à pleurer. Je ne comprenais pas ce qui se passait. J'étais peut-être en train de l'imaginer, mais je ne voulais pas y croire. Mais lorsqu'il est sorti, il était redevenu tout doux et il s'est mis à s'excuser. Mon Dieu, ses excuses, combien de putain de fois je les ai écoutées ! « Je ne sais pas ce qui m'a pris, je n'arrive pas à me le pardonner. » Et moi, alors que pendant qu'il était dans la salle de bains je me voyais déjà rentrer chez ma mère, plutôt que d'aller à l'Île Maurice, je me suis retrouvée en train de le convaincre que ce n'était rien, qu'un mouvement de colère peut arriver à tout le monde.

– Vous disiez que vous étiez en train de commencer à imaginer ce qui s'était passé, mais de ne pas vouloir y croire. À quoi faisiez-vous allusion ?

– Si vous avez un peu de patience, nous y arriverons.

– Excusez-moi.

– Ah non, pour l'amour de Dieu, ne commencez pas à vous excuser vous aussi ! Je ne supporte pas les excuses des hommes, j'aurais cru que vous l'auriez compris !

– Je... eh ben...

Je ris de mon embarras. Elle laisse aussi échapper un petit rire.

– Ne faites pas attention à moi, avec le temps je suis devenue un peu hargneuse. Nous pouvons continuer ?

– Je vous en prie.

– On part pour l'Île Maurice et tout le charme d'avant semble revenu. Le cadre est idyllique : plages de sable blanc, mer transparente, palmiers, un village de rêve. À vrai dire, j'étais un peu comme pétrifiée. Dans la journée, tout paraissait normal ; mais la nuit, je n'arrivais plus à être avec Claude comme la première fois après le mariage. Il était redevenu gentil, il me couvrait d'attentions, il me chouchoutait, mais c'était comme si mon corps n'avait plus confiance. Il n'arrivait plus à s'abandonner. Claude avait tout compris, il faisait semblant de rien, il paraissait armé d'une patience infinie. Et un soir, qu'est-ce qu'il combine ? Il commande deux bouteilles de champagne, une au restaurant et une à emporter dans la chambre. Le piège était tendu. À propos, vous ne prenez rien ?

– Non merci, pas encore. Continuez.

– Les bulles me montent à la tête, vous savez comment c'est.

La chaleur tropicale se charge du reste. Nous nous retrouvons au lit encore plus endiablés que pendant la nuit de noce. Nous hurlons tous les deux de plaisir et puis nous nous endormons dans les bras l'un de l'autre. Quand on se réveille, il recommence à m'interroger sur le type de rapports que j'avais avec mon précédent fiancé. Une lumière rouge s'allume dans ma tête. Je comprends que c'est ça qui le ronge. Comment est-ce que ça s'appelle déjà ? Jalousie rétroactive. Avec toute la douceur dont je suis capable, je lui dis que nous avons eu quelques rapports, c'est vrai, mais rien d'intense comme avec lui, que j'aime. Il me demande comment c'était, dans les détails, ce sexe moins intense. Je suis mal à l'aise et je n'arrive pas à lui répondre avec précision. Alors il se met à hurler que je suis une putain et que je veux lui cacher mon passé parce qu'il est dégoûtant. Une parole en entraîne une autre et nous nous disputons. Je lui dis que c'est un maniaque et à ce moment-là les yeux lui sortent de la tête et il m'assène un de ces coups de poing à vous déboîter la mâchoire. Il crie « Tu es une salope » et il me plante là encore une fois.

Elle se met à tordre le bord de sa serviette avec ses mains. Elle baisse le regard et sa voix devient grêle comme une plainte. Son visage a pâli.

– Ce que je déteste dans cette histoire, c'est la façon dont ce connard réussissait à rendre moches les moments les plus beaux. Il était spécialiste en la matière. Lorsque j'avais l'impression d'être au septième ciel et que je croyais être aimée par un homme extraordinaire, voilà qu'il ruinait tout. Il n'était plus le même homme. D'une certaine façon, il le renvoyait et il le remplaçait par un homme odieux. Maudite jalousie.

Martine lâche la serviette. Les serveurs, un peu plus loin, dressent les tables pour le dîner. Le restaurant est fermé pour peu de temps encore, mais cela suffit pour continuer.

– Lorsqu'il est revenu dans la chambre, j'avais déjà préparé les valises. Il m'a fixée du regard et moi je me suis couvert le visage avec les bras. J'avais peur qu'il recommence. Je lui ai dit : « Si tu me touches encore, tu ne me revois plus. » Il est tombé à genoux et il m'a enlacé les jambes. Je me suis écartée. Je ne supportais pas son contact. Il s'est mis à pleurnicher. « Pardonne-moi. Je ne sais pas ce qui m'est arrivé. » Et ainsi de suite. Mais il a aussi ajouté que ça ne se reproduirait plus, qu'il ne pouvait pas se l'expliquer, mais qu'il brûlait de jalousie. Il m'a dit : « Je t'aime tellement que je ne supporte pas que quelqu'un te touche. » Je lui ai répondu : « Mais

Pierre m'a touchée avant que nous nous sortions ensemble ! », en me retenant avec peine de conclure ma phrase par un bel « imbécile ». J'étais énervée, oui, mais pas stupide.

Ses joues ont repris quelques couleurs. Martine est une femme forte. Elle arrive à dédramatiser avec une pointe d'humour.

– Il me dit : « Je sais, mais je voudrais que ce ne soit jamais arrivé. » Nous nous retrouvons assis par terre tous les deux, enlacés à nous dire des bêtises amoureuses. Il contrôle ma mâchoire, elle me fait un mal de chien. Il se lève et prend de la glace. Il me l'applique sur la joue pendant deux heures. Et on parle, on parle... Je lui explique que Pierre ne compte pas. C'est fini entre nous depuis que c'est moi qui l'ai quitté quand j'ai compris qu'il ne me convenait pas. Claude m'embrasse avec adoration, mais je ne m'y laisse plus prendre. J'accepte de ne pas partir tout de suite, mais nous ne faisons plus rien au lit. Soleil, mer, bains, cocktail : nous passons de très belles vacances, mais plus rien ne rappelle une lune de miel. Lui se montre docile comme un petit chiot. Nous rentrons à Bordeaux main dans la main et nous nous préparons à vivre notre vie. Le restaurant que nos parents nous ont aidés à acheter pour nos fiançailles n'en est qu'à ses débuts. Pour le faire marcher, il faut travailler beaucoup... Eh non, pas comme ça !

Martine vient d'interpeller le serveur, deux tables plus loin. Elle se lève et se dirige vers lui.

– Mais tu as fait quel genre d'école hôtelière, toi ?! L'ordre des couverts, c'est de l'extérieur vers l'intérieur. Le hors-d'œuvre, l'entrée, puis le reste jusqu'au dessert ! Tu es ici depuis quand, une semaine ? Bien, essaye d'y rester au moins deux.

Martine a du caractère. Forgé par la vie ou inné ? Pendant que je m'interroge à ce sujet, elle revient à notre table et s'assied en s'excusant.

– Le truc a marché tout le temps ?

– Oui.

– Vous avez aussi enregistré ma réprimande au serveur ?

– Ben, je n'ai pas pensé à l'arrêter...

– Tant pis, ça fait rien. Vous penserez à l'effacer après. Où en étions-nous ?

– Vous étiez rentrés à Bordeaux et vous essayiez de faire marcher le restaurant.

– Ah, oui, c'est vrai. Et ça marchait bien. Mieux que le mariage, pour dire la vérité. Moi, je tenais à rester avec Claude et à faire en sorte que tout aille pour le mieux, mais au lit je n'arrivais plus à me laisser aller. Nous avions recommencé à faire l'amour, surtout à cause de son insistance, mais la chose était consommée rapidement, sans transport, je ne sais pas si je m'explique bien, c'était un petit peu glacé. La difficulté venait de moi, je ne décollais pas. C'était comme si le sexe n'était plus un élément nécessaire à notre couple. En ce qui me concernait, on aurait pu s'en passer pour le reste de notre vie. Je me rendais compte que ce n'était pas juste, que quelque chose n'allait pas. Claude n'aurait jamais dû me coller des gifles à chaque fois que je me laissais aller. Ce sont des choses qui marquent.

– J'imagine.

– Mais le jour, on était si bien que c'en était un vrai bonheur ! Le restaurant allait de mieux en mieux et nous étions de parfaits associés. Une entente magnifique, c'était assez étrange ça aussi, quand on y pense. C'était comme si le lit n'existait pas dans notre vie. Rien de moins vrai, on n'en parlait pas. Quand il avait une envie qu'il n'arrivait pas à contenir, je me donnais de façon assez idoine, jusqu'à son orgasme, qui arrivait toujours plus vite et qui ne me prenait donc pas beaucoup de temps. Moi, je ne ressentais rien. Je pensais : « Je m'en fous. » On passait la majeure partie du temps debout, le reste à dormir. On ne pouvait pas résumer nos problèmes à ces satanées cinq minutes. Je lui laissais faire un peu de gym juste pour lui changer les idées et lui permettre de dormir. De toute façon, le travail se chargeait de manger notre énergie. J'étais convaincue qu'il importait malgré tout de sauver notre mariage. Vous savez, la question habituelle de la culture catholique. Donc, n'importe quel compromis faisait l'affaire et notre vie allait bien. (Martine allume une cigarette.) Ça vous gêne si je fume ?

– C'est votre restaurant.

– Ce n'est pas une bonne réponse, vous savez ?

Je mens :

– Je voulais dire que ça ne me dérange pas si vous n'avez pas de problèmes avec votre clientèle.

– Nous ne sommes pas encore en 2008, en France on peut fumer. Et vous avez raison, le restaurant est à moi. Celui de Bordeaux en revanche est resté à Claude.

– Un partage assez équitable, il me semble.

– Je l'ai arraché avec les dents, mais je vous le raconterai plus tard. Je reprends le fil de mon récit. Le restaurant et la vie allaient bien. Le mariage semblait tenir. Je ne tombais pas enceinte parce que nous avions décidé d'attendre d'avoir une activité suffisamment stable afin de pouvoir nous consacrer un peu aux enfants. Tout alla bien jusqu'à ce maudit soir du 15 mai 1989. Alors que nous sommes en salle tous les deux, sereins et joyeux à cause de la grande affluence, qui entre ? Pierre, en compagnie de sa fiancée, peut-être sa femme, qu'est-ce que j'en savais, moi ? Claude me siffle : « Qui a pris la réservation ? » Je réponds : « Je ne sais pas, ce n'est pas moi, c'est sûr. » En fait, ils n'avaient pas réservé. Mais allez le dire à Claude. Nous leur trouvons une table et le dîner se déroule tranquillement. Pierre échange juste deux mots avec moi lorsque je vais à la table avec le maître d'hôtel pour gérer une commande spéciale. Il me demande comment je vais et il se réjouit pour tout, le mariage, le restaurant, etc. Un vrai monsieur.

– Claude regardait ?

– Bien sûr. Il avait refusé d'y aller à ma place, comme je le lui avais proposé. À partir de là, je l'ai vu changer d'expression. Je me dis : « Mon Dieu, fais que sa paranoïa ne lui revienne pas. » Le service se termine, nous fermons le restaurant, il conduit jusqu'à la maison en silence et dès que nous sommes à l'étage, il me pousse violemment par derrière et m'envoie contre l'armoire. J'ai le souffle coupé par le coup reçu dans le dos. Je glisse lentement à terre pendant qu'il me lance une série d'insultes toutes plus grossières les unes que les autres. Et il conclut : « Salope, tu lui as fait de l'œil toute la soirée. Tu croyais t'en tirer en m'envoyant prendre sa commande ? Tu essayais de m'embrouiller, pas vrai ? Tu voulais me cocufier et en plus te moquer de moi ! Mais je ne me fais pas avoir moi, sale pute, tu as compris ? Je ne me laisse pas avoir. » Et là, il me donne un coup de pied dans les côtes qui me coupe le souffle que j'avais à peine repris. Il était hors de lui.

Martine éteint la cigarette et en allume une autre. Qui a dit que le temps guérit toutes les blessures ? Certaines restent indélébiles. Elle reprend à voix basse :

– Je ne vais pas être trop longue. Il s'est arrêté quand il a vu que je haletais et il m'a aidée à me relever. Les excuses ont suivi selon le scénario habituel. La jalousie lui ôtait toute forme de contrôle. Il pétait un plomb, il ne réfléchissait plus. Je comprenais que c'était plus fort que lui, je ne pouvais donc même pas lui en garder rancune, me semblait-il. Nous avons parlé toute la nuit. Son père avait été très jaloux de sa mère, une femme très belle, et comme Claude me trouvait très belle moi aussi, il arrivait qu'il se laisse envahir par le poison de ce mal qui, croyez-moi, est une véritable maladie incurable. Son père aussi frappait sa mère quand il piquait sa crise, et il avait assisté plus d'une fois à leurs scènes. Je manquais tellement d'expérience dans la vie que je croyais qu'il pouvait s'améliorer. Il m'arrivait même de lui dire « mon pauvre ». Vous vous rendez compte ?! C'est moi qui le consolais de m'avoir frappée. Qu'est-ce que nous sommes bêtes, nous les femmes.

Martine marque une pause, puis reprend :

– Claude m'a expliqué qu'à chaque fois qu'il faisait l'amour avec moi il était torturé par des images de moi qui le faisais avec Pierre. Il s'imaginait des scènes de sexe entre mon ex et moi, ça l'excitait au début mais, au bout d'un moment, ça lui empoisonnait l'esprit. Les serments qui suivirent marquèrent le plus grand moment d'intimité de toute notre vie conjugale. « Je ne te frapperai plus, mais toi, aide-moi à ne plus le faire. » Belle requête. « Je ne verrai jamais plus Pierre, mais je ne l'ai même pas vu cette année et hier soir c'était la première fois, un sale hasard. »

Martine éteint sa cigarette, mais cette fois elle n'en rallume pas une autre. Elle semble plongée dans ses pensées. Puis si elle s'était souvenue de ma présence, elle poursuit :

– Alors Claude décide : « Nous devons partir de Bordeaux ». Je fais remarquer : « Mais comment ? Et pour aller où ? On a un restaurant à faire marcher. » « Dès qu'il est bien lancé on le donne en gérance, promet Claude, on déménage à Paris et on en ouvre un autre. » L'idée nous a rendu le sourire. Mais oui, changer d'air nous ferait du bien. Je l'aimais et lui, dans le fond, péchait parce qu'il était juste trop attaché à moi. Vous ne nous méritez pas, voilà la vérité.

Elle m'a lancé sa dernière phrase en me fixant droit dans les yeux, en m'obligeant à baisser le regard. Dans ces moments-là, je me rends compte de l'incongruité de ma situation. M'intéresser personnellement au problème est risqué, je reste un homme et les offenses subies rejaillissent sur nous tous. Je me donne du courage et j'acquiesce :

– Vous avez raison. J'en suis parfaitement conscient.

– Oui, oui... laissons tomber... Une année, il a fallu une année supplémentaire pour que le restaurant vaille assez pour le donner en gérance tout en y gagnant. Mais nous y sommes arrivés. Alors que le monde se réjouissait de la chute du Mur de Berlin, nous, nous arrivions à Paris et nous prenions possession de ce restaurant. La Bastille est un bon secteur, vous pouvez donc imaginer à quel point nous nous sommes saignés pour y arriver. Les familles nous ont aidés, mais sous forme de prêts, pas de cadeau. (Son visage est rempli d'orgueil.) L'année s'était écoulée relativement tranquillement. Juste une querelle en douze mois et même pas violente. Elle ne portait d'ailleurs pas sur la jalousie, mais sur des questions de travail et tout est rapidement rentré dans l'ordre. Nous avions peu ou pas d'intimité. Je pensais que c'était la solution. Moins il y aurait de sexe entre nous, moins Claude penserait à moi sous cet angle, moins il se torturerait en m'imaginant au lit avec Pierre. Je suis devenue une sorte de bonne sœur qui se consacrait complètement à la maison et au travail. Les apparences de notre mariage étaient sauves, nous étions très unis, mais comme un frère et une sœur. C'était ma façon de l'aider. Ça m'allait bien. Une femme n'a pas besoin de sexe comme un homme, elle peut très bien s'en passer si elle se sent aimée et protégée. Mais il nous manquait des enfants et la question, une fois arrivés à Paris, s'est posée dans toute sa tristesse. Nous élevions des restaurants au lieu d'enfants, ça aurait pu continuer encore un peu comme ça, mais pas éternellement. (Elle s'arrête et porte sa main à son front.) Quelle idiote. Vous voulez boire quelque chose ? Je m'excuse, mais j'étais un peu tendue à l'idée de parler de ça et je n'ai pas pensé...

– Ce n'est rien, je n'ai pas soif, merci. Continuez, je vous en prie.

– Après un an passé à Paris, nous avons commencé à penser sérieusement à mettre un enfant en route. Dans un premier temps avec de petits rapports très brefs pour ne pas réveiller la bête, puis avec plus d'application, au fur et à mesure que nous voyions que les choses ne dégénéraient pas. En effet, l'éloignement de Bordeaux, de Pierre, mais aussi du père de Claude à l'origine de sa jalousie, semblait influer de façon positive sur notre vie de couple. Nous sommes même allés ensemble chez une gynécologue, malheur si j'avais choisi un homme, pour nous faire conseiller au mieux afin que ses spermatozoïdes et mes ovules se rencontrent. Finalement, je suis tombée enceinte d'Angélique, ma fille aînée, qui a aujourd'hui seize ans. Nous l'avons appelée ainsi parce que pendant ma grossesse Claude s'est comporté comme un vrai petit ange, il m'a couverte d'attentions comme l'homme merveilleux dont j'étais tombée amoureuse en son temps. Après la naissance, il semblait que tout devait aller comme sur des roulettes, ça été au contraire le début du désastre.

Les serveurs sont tous alignés sur une file au fond de la salle, au garde-à-vous. Je les regarde et Martine s'en rend compte.

– Ah oui, il vaut mieux que nous allions en haut, dit-elle. Ici, il y aura bientôt beaucoup de monde. Philippe...

L'homme qu'elle a appelé est le chef cuisinier. Il arrive et la salue en la tutoyant. La femme a avec lui une attitude différant complètement de la rigidité qu'elle a avec les serveurs.

– Philippe, s'il te plaît, je serai prise pendant encore deux heures, je monte à la maison. Je compte sur toi pour mener la barque. S'il y avait un problème, tu sais où me trouver.

– D'accord, Martine. Sois tranquille, je m'occupe de tout.

Il doit avoir cinq ans de moins qu'elle. Son sourire franc est celui d'un ami, pas celui d'un amant. Je comprendrai sans doute mieux son rôle en écoutant le reste de l'histoire.

Nous sortons par une porte dérobée et nous nous retrouvons devant l'ascenseur de l'immeuble.

– J'habite au cinquième étage. Nous avons cet appartement depuis que nous sommes arrivés à Paris, il m'est revenu avec le restaurant. Pendant un temps, nous avons aussi pris le sixième étage pour installer les gamines, lorsqu'on se disputait trop violemment. Mais elles sont maintenant au collège et, quand elles rentrent à la maison, elles restent avec moi.

Nous sortons de l'ascenseur et nous nous arrêtons devant une porte de bois clair. Tout en engageant les clefs, Martine commente :

– J'imagine que vous devez encore une fois penser que Claude m'a bien traitée en me laissant aussi l'appartement après le divorce. Eh bien, sachez qu'il n'avait pas le choix. Je le tenais.

L'appartement est vaste, de bon standing, avec des plafonds très hauts. Nous nous asseyons dans deux fauteuils du salon, le magnétophone posé sur la petite table de cristal au centre. Martine demande :

– Où en étions-nous ?

– Angélique vient de naître.

– Ah, oui. Après deux mois, lorsque mon corps a repris forme humaine, Claude recommence à me désirer. Comme je vous le disais, pour la conception de notre fille, nous y avons mis du nôtre et je dois dire que le sexe était redevenu agréable entre nous. Il n'y avait aucun signe de jalousie, nous étions complètement concentrés sur l'objectif. Pendant les neuf mois d'attente, nous sommes restés un peu tranquilles, mais une fois que la petite est née, l'envie est revenue à Claude. Je ne sais pas si vous le savez, mais une femme, après avoir accouché, éprouve un sentiment de plénitude, un sentiment de satisfaction difficile à ébranler. Je crois que c'est quelque chose de génétique. L'homme doit engrosser, il est donc toujours en chasse, ou quelque chose dans le genre. La femme l'est jusqu'à ce qu'elle soit enceinte, après quoi on peut considérer le chapitre comme clos, au moins pour un temps. Allez l'expliquer à un mari qui est presque jaloux de sa fille qui vient de naître ! « Tu ne me désires plus ! Tu as quelqu'un d'autre ! », m'a-t-il crié un jour en me frappant. C'était la troisième fois de ma vie que j'étais battue, la plus forte aussi. Deux coups de poing, un dans un œil, j'en ai gardé la marque pendant vingt jours, et un dans le ventre : une douleur terrible. La petite avait quatre mois et elle hurlait comme une perdue. C'est ce qui lui a fait reprendre ses esprits. Il s'est mis à la bercer, l'hypocrite ! À ce moment-là je l'ai haï. Je lui ai pris la gamine des mains et je lui ai dit de s'en aller. Comme il restait planté là, c'est moi qui suis sortie. Je ne savais pas quoi faire et il m'est venu une idée pas si bête que ça.

Martine marque une pause pour ménager son effet. Puis elle reprend :

– Je suis allée à l'église pour me confesser. J'avais besoin de parler à quelqu'un et je ne pensais pas le moins du monde à m'adresser à mes parents. Ma sœur mariée à un chirurgien est vénérée. Maman et papa sont si catholiques que je savais déjà ce qu'ils me répondraient : « Pourquoi n'essayes-tu pas de faire plaisir à Claude ? C'est ton mari et tu dois le garder. Pourquoi n'en parles-tu pas à un prêtre ? » Et c'est ce que j'ai fait.

Martine ouvre ses bras en signe de reddition, et enchaîne :

– Le prêtre de Saint-Paul venait d'être ordonné et était mal à l'aise de m'entendre raconter des histoires de jalousie, de sexe, etc. Il s'est contenté de me rappeler que le chemin du mariage est sacré. Merci beaucoup, comme si je ne le savais pas. Il s'en foutait de mon œil au beurre noir ! De toute façon, je n'avais pas l'intention de larguer Claude, nous venions d'avoir une enfant. Mais je n'avais pas envie de le voir tant qu'il ne se raisonnait pas. L'église était le premier endroit qui m'était venu à l'esprit. Lorsque je suis sortie, je suis allée avec Angélique dans les bras Place des Vosges et j'y suis restée jusqu'à six heures du soir. J'ai mangé cinq croissants et j'ai allaité la petite sur un banc. Et puis je suis retournée au restaurant. Claude avait la tête d'un pénitent couverte de cendre. Dès que je l'ai vu, je lui ai lancé :« Ne me dis rien ! » Ses excuses me donnaient la nausée. Une semaine de silence a suivi. Je lui ai fait une de ces gueules. Quand je décidé d'arrêter, pour qu'il cesse de ramener à la maison des roses par douzaines, que dans le fond je payais moi aussi, il me dit qu'il a trop envie d'être avec moi, d'avoir des rapports sexuels, que je ne peux pas ne pas le comprendre. (Martine me regarde d'un air ironique.) Vous le comprenez vous aussi, pas vrai ? Entre vous, les hommes, ces choses-là vous les comprenez toujours.

– Je vous en prie, continuez.

– Oui, oui, je continue. Il embauche une nounou pour m'alléger le travail. Céline, une brave fille en pension toute la semaine chez nous sauf le week-end, quand elle retourne dans sa famille à la campagne. Et voilà qu'un de ces samedis soirs, il se retrouve encore en rut et prétend coucher avec moi. Je lui dis : « Tu sais, je ne t'ai pas encore pardonné, tu es à l'épreuve. » La petite est en train de dormir un peu plus loin, elle a maintenant plus de huit mois. Il m'allonge une de ces gifles qui m'envoie sur le lit et puis il se jette sur moi. Je crie et tente de me dégager mais il m'assène un coup de poing sur la bouche qui m'étourdit. Après ça, il fait ce qu'il veut de moi. J'entends la gamine qui s'est réveillée et qui pleure. Il a les yeux exorbités, j'ai peur qu'il lui fasse du mal. Le peu de force que j'avais pour lui résister me manque. Complètement hors de lui, il me possède comme un animal. « Je vais te faire passer l'envie d'aller ailleurs. Prends ça, me dit-il, après tu n'auras plus envie de quelqu'un d'autre. » En vérité, il a fini presque tout de suite. Si ça se voulait un moyen efficace pour me fatiguer et m'empêcher d'aller avec d'autres hommes, eh bien, c'était plutôt raté.

Une irrésistible ironie se lit dans les yeux de Martine sans qu'apparaisse sur son visage le moindre sourire. Ça lui donne un air lointain, amer.

– Comme je vous l'ai dit, les excuses étaient la pire des choses pour moi. Je n'avais aucune envie de les écouter, mais lui s'est mis à pleurer, il s'est jeté par terre en répétant sans arrêt : « Je ne sais pas ce qui m'a pris, mon Dieu quelle honte. » Je suis tout de suite allée chercher Angélique. Je l'ai bercée je ne sais comment jusqu'à ce qu'elle s'endorme. Et puis, je suis allée dans la salle de bains comme un automate, je me suis lavée, j'ai soignée ma lèvre et je suis retournée me coucher. J'avais envie de dormir et de ne plus me réveiller. Mais l'enfant qui se trouvait là m'en aurait empêchée. L'enfoiré a dormi par terre, en pleurnichant par moments.

Elle soupire. Il semble que le monde entier pèse tout à coup sur ses épaules. Elle rouvre son paquet de cigarettes, hésite, puis le referme et le laisse sur la petite table, à côté du magnétophone.

Dehors la nuit est tombée, mais l'éclairage public entre par la baie vitrée comme s'il était prévu pour l'appartement. Martine poursuit avec une certaine difficulté :

– Neuf mois se sont écoulés sans presque aucun contact physique. Le premier anniversaire de la petite a été émouvant, c'est l'amour qui nous a réunis. On ne peut pas vivre ensemble comme des étrangers. Ou on se déteste ou on s'aime, et moi je n'ai jamais eu une grande inclination pour la haine. Non pas pour en garder, au moins. Et puis tout a lentement glissé vers une indifférence quotidienne faite de « bonjour » et de « bonsoir ». Le travail au restaurant nous occupait beaucoup, par chance ; si on se parlait, on parlait de ça. Avoir un sujet de conversation tous les jours, c'est déjà beaucoup. Puis un soir, après la fermeture, je vois son regard changer. Nous sommes dans le restaurant ; tout le monde est parti. La petite dort en haut avec sa nounou. Il m'ordonne de lui faire une petite gâterie là, dans la cuisine. Je lui demande s'il est devenu fou. Il me répond que je ne fais rien d'autre tous les soirs dès qu'il a le dos tourné. Et c'est parti. Il se défait le pantalon et me prend la tête entre ses mains. Il n'est même pas prêt, il y a une sacrée différence entre cette tête de taré et son corps. Je le lui fais remarquer, c'est imprudent, je le sais, mais je m'en fous. Je suis en colère. Il me donne deux gifles, une pour chaque joue, et un coup de pied sur la poitrine qui me fait un mal fou. À genoux par terre, je vois que ça l'excite de me frapper, mais je me garde bien de le lui dire. Il m'étend sans ménagement sur le sol, abuse de moi en vitesse puis se rhabille. Il a le bon goût de ne pas me demander pardon. Moi, je reste prostrée. Je pense que cette fois je le quitte. J'y songe sérieusement et je ne me laisse plus charmer par les gentilles simagrées des jours suivants. Je téléphone à ma sœur pour savoir si elle peut m'héberger pendant quelque temps à Clermont-Ferrand. Elle accepte, me demande pourquoi et je lui dis de ne pas me le demander. Tout est prêt. Pourtant, j'hésite encore. Je ne fais semblant de rien, je me prépare à m'en aller mais je ne me décide pas. Je ne sais pas pourquoi. Trois semaines passent, et je découvre que je suis enceinte.

Cette fois Martine allume sa cigarette.

– Il m'a violée sur le sol de la cuisine du restaurant et je suis tombée enceinte. Après tous les efforts pour avoir notre première fille, mes ovaires m'ont joué un sacré tour ! Mais quel genre de spermatozoïde c'était, Batman ?

Je laisse échapper un petit rire nerveux. Heureusement elle ne s'en offusque pas.

– J'étais catholique et je le suis encore. On ne parle donc pas d'avortement. Et puis, même conçue de cette façon dégueulasse, je me dis que l'enfant reste un enfant, et certainement meilleur que son père. Ce n'est pas lui qui mériterait la mort. L'idée d'aller m'installer chez ma sœur s'envole. Je l'appelle et, toujours sans lui dire pourquoi, j'annule tout. Je regarde Angélique et je pense que je suis peut-être en train de porter en moi son petit frère. Nous sommes mal faites, nous autres femmes, il suffit d'une petite chose pour que tout change. On peut se retrouver dans l'environnement le plus sordide, et pourtant la vie que nous portons est capable de nous faire voir bien des choses avec douceur.

Elle rejette une longue bouffée et la fumée m'envahit. J'essaye de résister au réflexe de la dissiper, elle s'en rend compte et s'excuse. Elle est tellement prise par son récit.

– Je ne sais pas si je dois le dire à Claude, ces jours-là il se montre indifférent, comme si rien ne s'était passé ; je doute même qu'il se souvienne d'avoir abusé de moi. En revanche il est gentil, au moins à la maison. Au travail, c'est une autre histoire ; il exhibe parfois une arrogance du genre « c'est moi qui sais tout » qui m'indispose. Mais pour le reste, il se comporte comme le meilleur mari du monde. Un soir, le jour de fermeture du restaurant, je suis allongée sur le divan le bras posé sur le ventre et, même si ça peut paraître absurde, j'ai l'impression de me sentir heureuse. Angélique s'est endormie à côté, Claude regarde un peu la télé en sourdine, je pense que la gamine aura un petit frère ou une petite sœur, que la vie changera et qu'elle deviendra plus belle, que dans le fond c'est merveilleux qu'une fleur naisse de tant de saleté. Je lui lance : « Claude, je suis enceinte. » Il me regarde, surpris. Je vois qu'il s'interroge, il est en train de calculer, c'est une question d'une ou deux secondes, pour voir avec qui diable j'ai bien pu faire cet enfant. Presque un mois est passé depuis le viol et je vois qu'il ne s'en souvient vraiment pas. Avant qu'il ne déraille en pensant je ne sais quoi et qu'il se mette à nous piler, moi et l'enfant que j'ai en moi, j'ajoute : « Merde, c'est toi, tu m'as violée en bas dans la cuisine. » La stupeur se transforme en sourire, c'est comme si je lui avais parlé de marguerites et de royaumes de fées. Un instant, je me demande si c'est la satisfaction de m'avoir violée qui le fait sourire ou alors... Mais il se lève et m'enlace : « Mon amour, je suis heureux. » C'est toujours mieux que ses litanies d'excuses.

Martine éteint son mégot qui a déjà entamé le filtre et menace de lui brûler le bout des doigts.

– Nous sommes folles, nous les femmes, mais même dans la bêtise, nous sommes quand même meilleures que vous. Avec respect bien sûr, je parle en général.

– C'est clair.

– Je le dis parce que je me suis presque sentie heureuse. J'avais l'impression que tout pouvait aller pour le mieux, que le pire était passé. Comment pouvait-il être passé ? Nous n'en avions même pas parlé entre nous. D'un côté, c'était bien parce que je n'avais pas dû subir des excuses et des justifications inutiles, mais les choses ne s'arrangent pas quand on les tait. Avec lui, il n'y avait pas eu d'explication ; avec ma famille je n'aurais même pas pu aborder le sujet. « Ton mari te violente et il te met enceinte ? Ça doit vouloir dire que tu n'as pas été une assez bonne épouse pour tomber enceinte de façon normale. » Ma mère n'aurait peut-être pas employé ces mots-là, mais j'étais convaincue qu'elle dirait quelque chose de ce genre. En sommes, nous les femmes, nous sommes stupides parce que nous avons l'illusion que quelque chose en nous intéresse les hommes. Oui, quelque chose, quelques détails, mais pas l'ensemble. Tout le paquet, la tête, le cœur, le corps, la loyauté, ne suscite aucun intérêt chez eux. Ils aiment se sentir pères par orgueil, ils montrent ainsi qu'ils n'ont pas leur outil pour rien et ne passent pas pour des femmelettes.

Martine a eu la délicatesse d'employer « ils » au lieu de « vous », m'excluant ainsi momentanément du nombre des insensibles. Elle poursuit :

– Et c'est ainsi que Claude est devenu pendant huit mois le meilleur père au monde. Pour Angélique, c'était un parfait compagnon de jeu, pour la petite que j'avais dans le ventre, puisque entre temps nous avons su que ce serait une fille, c'était le père le plus prometteur qui soit. On n'évoquait pas la violence charnelle qu'il m'avait imposée par deux fois. Par honte, je n'en avais parlé à personne, à part au prêtre et avec le résultat que vous savez. Claude de son côté n'avait aucune raison de mettre le sujet sur le tapis, même si j'ai eu parfois l'impression que ça ne lui aurait pas déplu de s'en vanter au bar avec ses amis. Des impressions d'un moment, je me disais, altérations psychologiques de mon état de femme enceinte. Finalement, c'était comme si tout avait été étouffé parce qu'en parler aurait gâché la magie du moment. De quelle magie s'agissait-il ? Une couche de vernis, voilà ce que c'était. Mais on n'a pas toujours du courage, dans la vie, on n'en a pas surtout pour soi-même. On ne se décide vraiment à agir que lorsque les gens qu'on aime s'y trouvent mêlés. Alors un matin on se regarde dans la glace et on se dit : « Quel droit ai-je de ruiner aussi leur vie ? », mais il en faut, du temps, avant d'y arriver... Je suis en train de vous ennuyer ? Je divague trop ?

– Non, je trouve même très intéressant ce que vous me dites.

– Hum, grogne Martine avec peu de conviction, ça se peut. C'est ainsi que naît Mélanie, un petit oiseau avec la peau très mate comme la mienne, complètement différente d'Angélique, blonde comme ma mère.

La tendresse lui envahit le regard. Elle semble complètement absorbée par ses souvenirs.

– Claude a rempli la chambre de la clinique de fleurs. On avait l'impression d'être dans une serre. Je les ai distribuées à toutes les infirmières et aux mamans du service. J'en ai trouvé autant en rentrant à la maison. Il a mis notre compte dans le rouge pour acheter des fleurs pendant toute la semaine !

Martine parle avec une certaine satisfaction. Puis son visage s'assombrit. Elle se cale au fond de son fauteuil.

– La paix a duré quelques mois, peut-être une année. Le temps que Mélanie soit sevrée. Et puis les disputes ont recommencé. Non plus sous forme de jalousie, non pas avec les mouvements de colère violents et regards noirs, non. Au début, c'était de façon larvée. L'arrogance que Claude avait déjà exprimée au travail est allée *crescendo*. En quelques mots enflammés, il me faisait passer pour une femme rustre, il disait que je ne savais pas y faire avec les clients et les fournisseurs, domaines où au contraire j'ai toujours excellé. C'était clair qu'il pensait à autre chose, mais il ne pouvait avoir aucune prétention, il ne pouvait pas dire ouvertement ce qui le rongeait. Après cette deuxième grossesse, le sexe entre nous fut complètement exclu. Non seulement je n'en avais pas envie, mais en plus Claude me dégoûtait physiquement. À chaque fois qu'il s'approchait de moi, la scène du viol dans la cuisine du restaurant me revenait à l'esprit. Il le savait, c'est pourquoi il préférait ne pas aborder le sujet et se défouler dans son environnement professionnel.

Les yeux fermés, Martine parle comme si elle était chez un psychologue.

– Ça ne me convenait plus, à moi, de ne pas réagir. Je lui en disais, et sans détour, et si parfois quelques gifles volaient, je m'en foutais. Je n'étais plus disposée à me taire. À la maison, pourtant, les premières années il se contrôlait. Il ne voulait pas que les nounous entendent. Mon Dieu, quelle misère de s'en souvenir. Est-ce que je peux aller plus vite ?

– Faîtes comme vous pensez être le mieux.

– Il a tenu quatre ans pendant lesquels nous avons dû avoir des rapports sexuels une dizaine de fois. Il venait toujours tout de suite et ça me convenait très bien. J'avais accepté de nouvelles étreintes plus pour maintenir un peu de paix en famille que par compassion. Je n'éprouvais aucun plaisir mais ça ne m'intéressait pas. Qu'il me possède à la va-vite et qu'on n'en parle plus pendant quelques mois. Autrement, je le savais, il m'aurait encore violée. En revanche les disputes étaient de plus en plus violentes. Une fois, j'ai fini à l'hôpital avec une côte fêlée. J'ai dit que j'avais glissé dans la salle de bains et le médecin a fait semblant de me croire. Au moins, il n'y avait plus de jalousie dans les bagarres. On se disputait pour des conneries, une commande mal écrite, une remise de groupe faite sans son accord. Des prétextes qui n'avaient pour but que de ne pas laisser voir les vraies raisons dont aucun de nous deux voulait parler. Je l'ai pourtant fait, ensuite, afin de le convaincre de consulter, en vain. Il s'est limité à me respecter pendant un certain temps, tant que je n'ai pas enlevé mon corset. Au bout d'un moment, il a développé l'obsession que le problème entre nous c'était le sexe, c'est-à-dire que je ne pouvais avoir d'orgasmes. Quelle découverte ! Les fois où je m'y étais essayée, il m'avait malmenée, rongé par la jalousie ! Comment pouvait-il penser que je me laisserais encore aller ?! Nos bagarres se succédaient. Les filles, les pauvres, étaient épuisées. Elles se disputaient avec leurs camarades d'école et les enseignants nous convoquaient pour nous suggérer de les faire consulter un pédopsychiatre. C'est nous qui aurions dû consulter ! J'ai d'ailleurs pensé y aller, chez le psychologue, et ça a été une tragédie. Claude avait peur que je parle de notre relation. De quoi d'autre aurais-je dû parler ?! Il m'a donné tant de gifles que l'envie m'en est passée. « Nous nous occupons de nos affaires, tu as compris ? » Belle façon de s'en occuper. J'étais déprimée et je n'avais plus la force de réagir. J'aurais vraiment eu besoin d'aide, mais ça m'était interdit. Une fois, j'ai essayé d'en parler à ma sœur. Peine perdue, elle n'a pas voulu m'écouter. Elle m'a dit : « Entre l'arbre et l'écorce, il ne faut pas mettre le doigt. » Elle a toujours été en compétition avec moi, depuis l'école, et je sais qu'elle ne pensait pas avoir eu plus de chance que moi dans son mariage. Peut-être ne voulait-elle pas que l'on sache qu'elle vivait comme moi un enfer. Il y a plus de femmes que l'on imagine vivant ainsi, vous savez ? Mais bien sûr que vous le savez…

J'acquiesce, même si, les yeux fermés, elle ne peut s'en rendre compte.

– Les petites sont perturbées, notre vie conjugale est une horreur, mais les affaires vont bien. Les restaurants de Bordeaux et de Paris vont à merveille. Quelle idée a mon génie de mari ? Celle d'acquérir le sixième étage, celui du dessus, et d'y installer les petites d'alors douze ans et dix ans avec leur nounou. Comme ça, on peut s'égorger tranquillement sans qu'elles nous voient. J'étais tellement déprimée que je n'ai pas eu la force de lui faire remarquer à quel point c'était absurde. On fait le déménagement et on organise tout comme prévu, et pendant quelques temps il n'arrive plus rien de désagréable. Il devient charmant, même s'il ne me convainc pas, et les disputes s'espacent.

Martine avale sa salive et enchaîne :

– J'étais bête et je ne voyais pas. Claude avait pris l'appartement au-dessus parce qu'il avait quelque chose de précis en tête, quelque chose de différent. Un jour, il me dit : « Il est temps que nous en profitions un peu. Nous avons vécu une vie de sacrifices pour nos filles et maintenant nous devons nous occuper de notre vie sentimentale. » J'ai eu un fou rire sarcastique et, à ma grande surprise, il n'y a pas prêté cas. Mielleux, c'est le mot qui me vient à l'esprit pour décrire Claude à ce moment-là. Il commence à me parler de jeux de couples, d'échanges, d'expériences qui enrichiraient notre ménage. Je lui dis : « Tu es fou. » Il me roue alors de coups. J'étais habituée. Qu'est-ce que j'avais à perdre ? J'avais déjà touché le fond de l'abrutissement, c'est ce que je croyais. Mais le fond est toujours plus difficile à atteindre que ce que l'on croit. « Nous avons besoin de vacances, nous deux tout seuls. » M'y opposer n'avait aucun sens. Je me suis retrouvée en Thaïlande avec lui et on m'y a fait des massages vraiment tonifiants. J'ai pensé « Bah, pour une fois il a eu une bonne idée. » Je me trompais. Au bout de trois jours, je le retrouve dans la chambre avec deux beaux jeunes hommes. Il me dit qu'il les a emmenés pour moi, qu'il s'inquiète du fait que je n'ai pas de vie sexuelle et qu'il veut y remédier. Je refuse, naturellement.

Il use de persuasion, il me dit que c'est lui qui me le demande et qu'il ne me le reprochera jamais. Je ne le crois pas. Il m'allonge une gifle carabinée. Je pense alors : « C'est bon, tu l'auras voulu. » Je commence à m'activer avec les deux types, sans envie, et pour cause, après ce qui vient de se passer. Eh bien, moi, j'ai un objectif : saloperie pour saloperie, au moins je le lui fais payer. Je m'active avec les deux mecs de façon vraiment désinhibée, et je m'attends à ce que Claude intervienne et commence à me massacrer. Mais non. Au beau milieu de notre petite orgie, je le vois prendre un certain plaisir avec l'un des deux garçons. Après cette nuit-là, il semble redevenu celui de la lune de miel, la jalousie en moins. Qu'est-ce que la perversion mentale d'une personne peut évoluer ! Je ne m'étais jamais rendu compte durant toutes ces années que son cerveau eût tant de replis. La perversion était bien cachée mais elle y était, et comment ! Comment quelqu'un pouvait-il faire l'amour avec moi dix fois en quatre ans sans avoir un autre exutoire ? Ce n'était pas une mère, c'était toujours un homme ! Qui sait combien de fois à l'occasion de sa tournée des fournisseurs il s'est tapé un mec dans une chambre d'hôtel ! Mais je m'en foutais, du moment qu'il me fichait la paix.

Un léger sourire éclaire le visage de Martine. Elle est plongée dans son passé, mais elle est là aussi, avec moi, et je crois que ça lui fait plaisir de pouvoir en parler librement.

– Trois jours plus tard, toujours là-bas en Thaïlande, Claude m'emmène dans la chambre un jeune couple, cette fois homme et femme. La scène se répète, mais sans gifle. Il n'en avait plus besoin. Pour la première fois j'ai essayé l'autre côté du sexe, mais ça ne m'intéressait pas de continuer à l'impliquer lui. À la fin, le garçon a dû faire double emploi. Ce sont des saloperies dont je ne parle pas volontiers, mais je dois les raconter, parce qu'elles correspondent à une partie fondamentale de l'évolution négative de ces années-là.

Elle s'agite dans son fauteuil.

– De retour à la maison, on n'a pas parlé de ce qui s'était passé, silence total, mais ça n'a pas empêcher les disputes de reprendre. Elles ne m'étonnaient désormais plus, c'était devenu une routine. C'est honteux comme on s'habitue à tout. Les filles dormaient à l'étage du dessus. Après leur avoir souhaité une bonne nuit, nous nous retrouvions dans le restaurant et nous nous disputions, pour continuer ensuite à la maison avec quelques coups. Je pourrais faire la liste de toutes mes lésions comme dans un interminable bulletin médical : l'étagère qui m'a blessée à l'occiput, la portière de la voiture qui s'est ouverte par inadvertance sur mon visage, la cheville foulée pendant mon jogging, l'épaule luxée alors que je faisais ma gym. On s'habitue à tout, en particulier à mentir, une fois qu'on a commencé. Puis Claude a fait venir un couple ici aussi, à Paris. J'ai refusé, je me suis braquée et je m'en suis tirée avec un coup de pied dans le ventre et un autre viol. Les deux autres étaient de son côté et ils se sont beaucoup amusés. Il avait envoyé les petites en haut pour faire ses saloperies tranquillement. C'est là que j'ai compris qu'en dehors de son orgueil de père, il s'en foutait d'elles. Que faisaient mes filles là-haut ? À chaque fois qu'il organisait ces horribles orgies, je me sentais complice d'un crime envers elles. Je n'ai plus envie d'en raconter davantage. J'espère que ça ne vous dérange pas.

– Pas du tout.

– De toute façon, vous avez compris comment ça se passait. La honte m'éloignait encore plus de mes enfants. Je m'étais auto-exclue, je me sentais sale, une mère indigne. Plus il y avait de rencontres sordides à l'étage du dessous et moins j'avais la force de monter pour parler avec mes filles. J'ai mis longtemps, trop, pour aller voir dans leurs chambres. Qu'est-ce que je trouve dans le tiroir de la plus grande ? Un beau petit paquet de cannabis. Elle avait quatorze ans, c'est un âge où ça peut arriver, mais aucune mère ne trouverait ça normal. Ce n'est pas pour autant que j'en ai parlé à Claude. Je ne voulais pas qu'il se mette à gueuler aussi sur les petites. J'ai parlé avec Angélique, je lui ai demandé le plus délicatement possible si quelque chose n'allait pas dans sa vie. Elle me regardait comme si j'étais un alien tombé de Vénus. Elle avait l'arrogance de son père. L'avait-elle apprise de lui ? Je ne le crois pas. Je crois plutôt qu'elle me rendait responsable de la pauvre vie familiale que nous avions. Le restaurant était une bien bonne excuse. Angélique croyait que je ne voulais pas de mes filles près de moi. Tout ce que je reprochais à Claude, elle me le reprochait à moi. Et il n'y avait pas moyen de la raisonner... Tout... tout était de ma faute...

Martine éclate en sanglots. Elle porte les mains à son visage pour se cacher. Je demande si elle veut que nous arrêtions, elle répond que non, ce serait pire. Elle n'est pas sûre qu'elle retrouverait la force de reprendre la conversation plus tard. Elle s'essuie les yeux avec des mouchoirs en papier.

– Je dois ressembler à un monstre, est-ce que mon rimmel a coulé ?

Ses yeux sont très beaux, deux perles noisette baignées par la mer. Je ne le lui dis pas. Sa question, purement formelle, n'attendait pas de réponse. Comme je le prévoyais, elle reprend tout de suite :

– Angélique avait raison. C'est toujours la faute de la mère, même quand elle n'a pas la force de réagir, quand elle s'est perdue dans les cachets. On ne m'avait pas laissé voir un psychologue, mais le médecin généraliste m'avait quand même prescrit des cachets qui m'abrutissaient et me rendaient encore plus passive. Il n'y avait plus de dialogue depuis longtemps. En suivant Claude et mon travail, j'avais accepté de sortir de leur vie. Le côté pratique des nounous avait fait le reste. Comment croyez-vous que réagit une adolescente de son âge qui voit arriver dans sa chambre une mère lointaine depuis longtemps et qui prétend entamer le dialogue ? Le dialogue sur quoi, a-t-elle ricané. Je lui ai lancé : « Sur la marijuana que j'ai trouvée dans ton tiroir. » Habituée à me disputer du matin au soir, je ne savais plus ce qu'était la communication. « Tu as fouillé dans mes affaires ?! Tu n'as pas le droit », s'est écriée ma fille. Et pourtant si, je l'avais ; j'aurais aussi dû avoir de la volonté, mais ellc était diminuée par les années passées avec Claude et les psychotropes pris à tord et à travers. C'est comme ça que la discussion s'est arrêtée, avec rien de réglé. Reprendre un train-train indifférent est la chose la plus commode qui soit. La plus facile. Il a suffi qu'elle me promette de ne plus fumer. Je l'ai crue, comme j'ai cru avoir accompli mon devoir de mère. Je me suis même sentie soulagée, jusqu'à environ un an plus tard.

Elle se mouche et reprend un autre mouchoir.

– Un jour, nous sommes appelés à l'école que fréquente la plus petite. La directrice nous convoque tous les deux. Claude essaye de se dérober ; il veut m'y envoyer toute seule. Éclate une dispute grâce à laquelle nous arrivons tous les deux au rendez-vous, juste le temps que le sang cesse de couler de mon nez. Mais le coup de poing que j'ai pris n'était rien à côté du motif de la convocation. Mélanie avait été surprise dans les toilettes en train de sniffer de la cocaïne. À treize ans ! J'aurais voulu mourir sur place. Pendant le retour à la maison, j'étais entre Claude et la petite, placée là en sandwich pour éviter que les mains de la brute ne la touchent. J'ai réussi je ne sais comment à le faire réfléchir. Moi la première, je ne réfléchissais plus depuis des années ! Mélanie m'a parlé avec moins d'hostilité que sa sœur et c'est comme ça que j'ai compris que l'autre était intervenue dans l'initiation de sa cadette. Une seule décision s'imposait, leur admission dans un centre de désintoxication. Un endroit qui nous vidait notre compte bancaire mais permettrait à mes filles de se soigner. Je dis bien « mes filles » : ce sont les miennes, et non pas celles de cet écœurant irresponsable.

Il n'y a plus de larmes. Maintenant, Martine ressemble à une guerrière à cheval. Elle s'écarte du sujet en passant au présent : désormais Angélique a seize ans et l'autre quatorze ; elles sont toutes les deux en sécurité dans l'un des meilleurs établissements de France. Mais, promet Martine, elle fera tout son possible pour les reprendre avec elle dès que son travail le lui permettra. De ce côté-là, elle arrive à être tranquille. Ce qui est fait est fait, on ne peut pas revenir en arrière, mais le mal a été enrayé à temps.

– C'est en tout cas ce que le collège me dit. Mais je m'en rends compte aussi avec les petites quand je vais les voir ou quand elles viennent ici en vacances. Maintenant que je ne suis plus avec la bête, c'est comme si l'antagonisme à mon égard s'était évanoui. C'était le fait de rester ensemble de cette façon qui créait de la rancœur chez elles. J'espère au moins que c'est ça. Un divorce, c'est quelque chose de net, de certain, de sûr. C'est douloureux pour des enfants qui ont grandi dans une famille unie et en harmonie, c'est très acceptable au contraire pour celui qui a grandi dans l'indifférence, quand ce n'est pas dans la guerre perpétuelle.

– Mais comment avez-vous réussi à obtenir le divorce ? Comment avez-vous fait pour vous libérer du père de vos filles tout en le convainquant de respecter vos accords de façon satisfaisante ?

– C'est Philippe qui m'y a aidée, le chef cuisinier. Il en avait marre de me voir pleurer, de deviner les marques de coups cachées sous mon maquillage. Un jour, il m'a dit qu'un avocat de ses amis pouvait m'aider. C'était le lendemain de notre convocation à l'école de Mélanie. J'en avais tellement marre que ce matin-là j'ai pensé m'ouvrir les veines avec un gros couteau à viande. Plus encore que les veines, je voulais me couper les poignets. Il l'a compris. J'ai pleuré sur son épaule pendant que Claude faisait le tour des fournisseurs et Philippe m'a dit : « Je sais qui il te faut. » C'était une avocate aguerrie. Elle m'a regardée dans les yeux et elle m'a dit : « Vous êtes prête à supporter ce qu'il faudra ? » Je lui ai répondu : « Oui, et même à me trancher net les poignets. »

Martine semble soulagée. Elle s'assied sur le rebord du fauteuil, presque comme si elle était sur le point de se lever.

– Il n'a pas fallu plus d'un mois. L'avocate m'a fait installer des mini-caméras dans la maison qui démarraient seulement quand il y avait du mouvement, en somme quand on rentrait. Au restaurant, j'essayais d'être un petit agneau pour ne pas faire éclater des disputes inutilement. À peine montés, je laissais aller les choses comme elles devaient. Lorsqu'un avocat, associé de ma salvatrice, un homme bien bâti qui s'était proposé pour faire le sale boulot, a montré à Claude un résumé des enregistrements, mon mari n'a pu qu'accepter tout ce que nous demandions. Il y avait non seulement assez de mauvais traitements pour l'envoyer en prison pour longtemps, mais il y avait aussi de sympathiques petites orgies que mon mari organisait en mon absence dans notre lit conjugal. Il y en a carrément eu une avec la femme de ménage qui, ensuite, refaisait le lit. J'étais sciée. Il a lâché le restaurant, la garde des filles et l'appartement, tout en s'engageant à verser une pension alimentaire qui suffirait à elle seule à me faire vivre confortablement. Pratiquement toute la rente du restaurant qui lui est resté à Bordeaux. Il a vendu l'appartement du dessus pour payer en avance le collège des filles pour toutes les années à venir. Quand elles rentrent pour les vacances, elles restent chez moi, avec moi, et c'est Philippe qui fait marcher le restaurant. Un chef peut très bien le diriger.

Martine se lève pour me dire adieu.

– C'est tout, j'espère que ça vous suffit. J'aurais de nombreux épisodes de violence à raconter, mais à la fin ce sont tous les mêmes, ils ne varient qu'à quelques détails près, sur les parties du corps prises pour cibles, mais en substance c'est la même chose. J'ai fait l'erreur de tenter de préserver mon mariage et ma famille. Cela m'a fait continuer dans l'horreur au lieu de me sauver. Lorsque Philippe est intervenu, j'étais prête à mourir, parce que je sentais le mal que j'avais fait à mes enfants en les laissant seules. Je croyais me sacrifier pour qu'elles continuent à avoir un père et je ne voyais pas comment il les éloignait toujours plus de lui et de moi. À la fin, c'est pour elles que je l'ai fait, et je me consume encore de la culpabilité d'avoir attendu si longtemps. J'espère seulement que ce n'est pas trop tard. Peut-on être si bêtes ? Oui, on peut, en reportant au lendemain ce qu'on devrait faire tout de suite. Le lendemain, on trouvera toujours la force de reporter encore. Éducation catholique, loi du silence, soumission à l'homme ? Dans mon cas, je regrette de ne pas avoir regardé tout de suite la réalité en face. C'est la chose la plus difficile à faire. On ne pense jamais que la maison est en train de prendre feu. On espère que c'est une petite feuille de papier dans le cendrier qui fait tant de fumée. On croit vivre plus tranquilles comme ça. Mais personne ne vit tranquille. Voilà, maintenant vous pouvez éteindre votre magnétophone.

# ANNUNZIATA

Annunziata a vingt-huit ans ; son mari Pasqualone, trente et un. Les jumelles Mariella et Giovannella ont treize ans ; les jumeaux Pepe et Toto, dix. Leur histoire commence à Naples, et plus précisément à *Rione Sanità*, le cœur populaire de la ville. « Populaire » à Naples a deux sens : « honnêtement pauvre » et « maladroitement nigaud ». Annunziata appartient à la première catégorie ; Pasqualone, à la seconde. Il était le troisième de quatre enfants, tous des garçons, avec un père souvent à l'étranger (c'est-à-dire en prison ou sorti de prison) et une mère qui faisait bouillir la marmite on ne sait comment puisqu'elle n'a jamais eu un travail officiel. Le fils avait quitté l'école très jeune pour gagner un peu d'argent en poche grâce à des petits boulots faciles dont personne à Naples ne demande la nature.

Annunziata venait d'une famille nombreuse qui a toujours convenablement subvenu à ses besoins en travaillant dans la couture. Quatre sœurs et trois frères. Toutes les filles, y compris la mère, savaient coudre, Annunziata aussi avait appris toute petite, et ils se donnaient du mal pour joindre les deux bouts en raccourcissant et en arrangeant des vêtements pour quelques magasins du quartier.

Ils se rencontrèrent alors qu'il avait dix-sept ans et qu'elle n'en avait pas encore quatorze. C'est sa taille qui avait donné au jeune homme son diminutif.[1] Haut d'un mètre quatre-vingt et déjà près du quintal, il se baladait toute la journée à ne rien faire, du moins en apparence. Elle était en quatrième au collège et lorsque Pasqualone passa la prendre à la sortie de l'école avec sa moto flambant neuve, c'était la deuxième fois qu'ils se parlaient. Il l'emmena à la mer et le coucher du soleil s'allia à l'air marin pour la convaincre d'avoir confiance en lui.

Il n'était pas beau, mais elle l'intéressait et c'était déjà beaucoup. Dans la famille de l'adolescente, il n'y avait aucune perspective

[1] Le suffixe augmentatif -one confère à la personne nommée une grande taille, ici on pourrait dire « le grand Pascal ». (N.D.T.)

de mariage à cause des faibles moyens, et pourtant le mariage constituait la seule possibilité d'avenir pour les filles, mirage d'autant plus convoité qu'il était presque inaccessible.

Le peu d'estime qu'ils avaient pour eux-mêmes avait comploté afin que ce jour-là elle perdît sa virginité. Elle était la première à bien vouloir rester avec ce grand gars peu désirable et lui était le premier à se montrer empressant.

Annunziata arriva au mariage avec un ventre de huit mois, lorsque tout le monde savait déjà que deux petites jumelles allaient naître. C'est ce qui avait convaincu ses parents d'en venir à un arrangement avec la famille de Pasqualone, au parti peu enviable. Un arrangement plus précaire que douteux était préférable au déshonneur, et la providence s'occupât du reste.

La maman du mari, en revanche, était contente. Annunziata était une brave gamine et l'idée d'avoir deux petites-filles faisait battre son cœur de femme énergique habituée à s'en sortir toute seule. « Dans une famille, on ne peut pas compter sur le mari », répétait-elle à l'envi en faisant évidemment référence à sa propre situation. « Il faut avant tout que la femme ait du caractère. »

En conséquence, Pasqualone ne ressentait aucun besoin d'avoir la tête sur les épaules et de se trouver un travail fixe. Il continua à vivre d'expédients, tout en s'adonnant en plus, seule nouveauté dans sa vie, au jeu de hasard. Il avait une famille et, dans son esprit, il devait augmenter ses revenus.

Ce n'était pas un grand tricheur et le plus souvent il perdait de petites sommes qu'il récupérait par la suite par des moyens obscurs. Annunziata sevrait ses filles et continuait aussi à faire quelques petits travaux de couture que lui passait sa mère, unique moyen de subsistance sûr. La nouvelle activité de son mari le maintenait hors de chez eux jusqu'à l'aube, ce qui accroissait les désaccords dus au bruit que les fillettes faisaient pendant la journée, lorsqu'il devait dormir.

La première fois, il frappa Annunziata en hurlant après être rentré ivre mort et fauché :

– Fais taire ces deux-là !

Annunziata n'était encore qu'une enfant et elle ne s'en fit pas. Recevoir des gifles pouvait arriver en famille. Entre celles de Pasqualone et celles quelquefois reçues de son père, il n'y avait pas une grande différence. Mais lorsque cela commença à devenir une habitude, elle se demanda si c'était normal.

Elle n'eut pas le temps de s'interroger longtemps sur le sujet, l'impétuosité du sacré bonhomme qu'elle avait épousé lui procurant bien vite une autre surprise. Deux petits garçons allaient bientôt naître.

– Mais comment ça se fait qu'il y a cette tare des jumeaux dans ta famille ? hurla Pasqualone.

Une telle question n'appelait aucune réponse. Des sept enfants nés des parents d'Annunziata, deux étaient jumeaux, même s'ils étaient hétérozygotes.

– Je vais devoir travailler plus ! bougonna le grand jeune homme qui avait désormais vingt ans.

Il ne se rendait pas compte du comique de son affirmation. En quoi aurait consisté ce travail supplémentaire ? Annunziata le sut après avoir accouché de Pepe et de Toto, les diminutifs de Giuseppe et d'Antonio, prénoms pêchés dans l'état civil des deux grands-pères.

Maintenant, il avait quatre enfants à charge et Pasqualone était dehors jour et nuit. Lorsqu'il rentrait à la maison sans un sou et que sa femme le lui faisait remarquer, les coups pleuvaient. La petite fille avait grandi, ses deux grossesses lui avaient au moins servi à cela, et désormais elle digérait les coups moins facilement. Elle aimait Pasqualone, n'avait jamais cessé de l'aimer, mais elle ressentait de plus en plus souvent l'injustice de la situation.

Annunziata raccommodait des vêtements pour les magasins et pour sa mère, qui faisait au mieux pour lui passer du travail, et elle se chargeait toute seule de nourrir la famille, sauf pour quelques entrées sporadiques, aussi imprévues qu'inespérées, venues du mari. La belle-mère avait insisté pendant quelques temps afin que son fils assumât ses responsabilités, puis elle avait laissé courir. Elle avait autre chose à penser. Son mari ne valait guère mieux et dans le fond la vie d'Annunziata s'annonçait comme la sienne, qu'elle se débrouille.

La situation ne présentait même plus les quelques aspects positifs d'autrefois. La vie de couple était entravée par les exigences permanentes des petits et par la nouvelle condition physique d'Annuziata. La jeune femme avait conservé les kilos qu'elle avait pris pendant sa dernière grossesse, en un mot elle était restée passablement enrobée, ce qui atténuait son sex-appeal et rendait moins faciles les rapports de couple déjà rares. Pasqualone n'en faisait pas mystère. Les enfants étaient encore trop petits pour comprendre, mais pas assez pour ne pas avoir conscience des violences suivant ces éclats de colère. Ils s'en aperçurent surtout lorsque leur maman ne put, pendant un mois et demi, les prendre dans les bras parce que leur papa l'avait cognée contre le mur. À tour de rôle, les sœurs d'Annunziata s'occupèrent des enfants, pour empêcher que l'assistante sociale ne les enlevât à leurs parents.

Ce fut la sonnette d'alarme qui retentit dans la tête d'Annunziata et qui la conduisit à prendre un véritable tournant dans sa vie. Elle aimait son homme, même si c'était une brute, mais elle n'était nullement disposée à se voir enlever ses enfants. S'ils continuaient ainsi, le pire pouvait arriver. Elle avait quelque fois entendu parler Pasqualone de trafics malhonnêtes et de « blanche » avec un ami encore plus balourd que lui. Annunziata n'avait pas grandi dans un quartier la tenant à l'écart de ce jargon-là. Elle savait ce que cela voulait dire. Un jour, après l'une de ces conversations, Pasqualone était rentré à la maison avec une belle liasse de billets de banque qu'il lui avait agités sous le nez.

– Tu finiras en prison comme ton père, lui avait-elle lancé, en en tirant un œil au beurre noir.

L'avertissement avait seulement servi à rendre Pasqualone plus arrogant. Il se vantait désormais comme le fanfaron de quatre sous qu'il était.

Un soir, il lui fit une caresse, cela pouvait encore arriver, et il lui promit que les choses changeraient, que tout irait pour le mieux :

– Demain, je suis sur un « coup » qui nous mettra à l'abri pour un bon moment. Demain, on va tous manger la pizza chez Posillipo !

Il l'attendrissait lorsqu'il avait de tels élans. « On va tous manger la pizza chez Posillipo » signifiait qu'il s'empiffrerait de pizza pendant qu'elle donnerait la becquée à ses quatre enfants, en en tenant deux sur chaque bras. Même s'il avait de l'argent, si le « coup » se passait bien, il le dépenserait au jeu de hasard et leur laisserait les miettes. Puis, à la première plainte, il lui ajusterait quelques coups de pied et il sortirait se saouler. Si les remontrances étaient assez fortes, elle finirait à l'hôpital et l'assistante sociale lui enlèverait ses enfants.

– C'est quelque chose de sûr ?, demanda-t-elle.

Elle avait un plan en tête. Le curé lui avait raconté l'histoire de Samson et Dalila. Eh bien, elle couperait les cheveux de son Samson. Pasqualone débita tous les détails du cambriolage de la bijouterie prévu pour le lendemain : l'heure, l'adresse, combien ils étaient.

Quand le chef de famille sortit pour aller boire quelque chose (il était trop nerveux pour regarder la télévision), Annunziata composa le numéro de téléphone que personne dans ce quartier-là ne composerait jamais, ou du moins ne dirait avoir composé.

Les mots sortirent très vite de sa bouche, dès qu'elle fut certaine qu'à l'autre bout du fil on était en train de prendre des notes. En moins de deux minutes, elle communiqua l'adresse, l'heure et le nombre d'hommes qui composaient la bande. Malheur si quelqu'un l'avait découverte. Un escroc ne vaut pas grand-chose, mais celui qui dénonce un membre de sa propre famille est le pire des infâmes.

Malgré toutes les données mises à leur disposition, les carabiniers réussirent à arriver en retard. Le bijoutier avait eu le temps de tirer sur l'un des trois cambrioleurs. Heureusement ce n'était pas Pasqualone, qui fut arrêté non loin de la bijouterie avec son complice. Il écopa de sept ans d'emprisonnement pour vol à main armée.

Pasqualone est désormais à l'Ucciardone.[1] Il ne doit pas y être bien, mais au moins y est-il en sécurité, pense Annunziata.

– Ça lui a fait du bien de se retrouver loin de sa famille, reprend-elle, ça l'a déjà fait changer. Quand je vais le voir avec les enfants, il se met à pleurer. Les choses iront bientôt mieux, j'en suis sûre.

La jeune femme de vingt-huit ans encore grassouillette qui se trouve devant moi me demande d'un air malicieux de ne pas dire dans quel quartier cela s'est passé, ni d'employer les véritables prénoms. Les jumeaux ne sont peut-être pas quatre et peut-être que le quartier ne s'appelle pas *Sanità*. Les noms sont assez communs et ils peuvent être remplacés facilement. Mais l'histoire est vraie. Elle est tellement vraie que je n'ai pas hésité un seul instant à en déguiser certaines données. Je le fais volontiers, parce que le parcours de cette femme qui a réagi au bon moment pour éviter l'escalade dans son couple me semble exemplaire. Pourvu que l'avenir lui donne raison.

---

[1] Prison de Palerme.

# NANCY, LISA, MARGARET

Lorsque arrivent à Scotland Yard trois plaintes de femmes pour maltraitances perpétrées en quarante-huit heures par le même homme dans trois villes différentes, Mary, la fonctionnaire de service, ressent une très forte démangeaison sur le nez. Comme la quadragénaire épanouie me l'expliquera plus tard, c'est le symptôme d'une piste à suivre. « Comme si j'avais les gènes d'un limier », plaisante-t-elle.

Mary vérifie d'abord qu'il s'agit bel et bien d'un seul et même suspect, et non de deux ou trois portant le même nom. Sean, inspecteur dans l'enseignement dans trois collèges associés répartis entre Manchester, Nottingham et Londres, est une seule personne. Il y a trois villes, comme le nombre de femmes frappées par sa furie en deux jours, mais l'homme d'une cinquantaine d'années n'est qu'un. Lorsque Mary le voit devant elle, une semaine s'est écoulée depuis le début des recherches. Les policiers l'ont arrêté à Douvres, dans un hôtel, en compagnie d'une jeune femme de trente ans diplômée en pédagogie. Heureusement, il n'y avait pas de signes de coups sur elle.

– C'est encore un bel homme, en partie de sang irlandais, cultivé, avec un certain savoir-faire, raconte Mary. Si on le rencontre au bon endroit, on doit se laisser prendre par sa faconde.

Je lui demande :

– S'agit-il à votre avis d'un embobineur professionnel ?

– Non. Plutôt un professionnel sérieux, qui connaît son travail et qui a un faible pour les femmes, auxquelles il se compare avec un certain manque de scrupules.

Un homme qui a su être un mari et un père modèle pendant dix ans, comme l'a raconté Margaret, sa femme habitant avec lui à Londres, la troisième par ordre chronologique à avoir été hospitalisée à cause de ses coups, un homme dont la conduite a empiré progressivement. L'officier de police chargé de recueillir la déposition de la malheureuse à l'hôpital a été obligé d'interrompre à plusieurs reprises l'entretien avec la pauvre femme, sa clavicule fracturée lui faisant souffrir le martyr.

– C'est pourtant la première à intervenir dans cette histoire, commence Mary. Aucune de ses « sœurs » d'infortune ne connaissait l'existence de l'autre. Margaret et Sean sont tombés amoureux à la fac, ils se sont fréquentés quelques années, puis ils se sont mariés après qu'elle fût tombée enceinte de la première de leurs quatre filles. Les trois autres sont venues au monde à un rythme régulier, tous les deux ans. Toutes des filles, le seul regret exprimé de temps en temps par ce père exemplaire.

Il aurait voulu un garçon, mais il avait conscience qu'en la matière les chromosomes paternels décident, il n'avait donc jamais osé culpabiliser son épouse. Le ménage avait bien fonctionné, probablement grâce au fait que Sean passait peu de temps à la maison. Son travail d'inspecteur de l'enseignement l'envoyait à Manchester et à Nottingham la majeure partie de la semaine et, lorsqu'il rentrait en famille les week-ends, il se montrait tendre et joyeux.

Au bout de dix années sans aucune ombre, il commença à boire quelques bières au pub le vendredi soir, habitude à laquelle Margaret attribua les insolites mouvements d'humeur de son mari. Il n'y avait pas d'autre raison. La vie se déroulait comme toujours. Le travail se poursuivait tranquillement, les filles grandissaient en bonne santé et elle pouvait même s'accorder un peu de temps libre.

Margaret avait interrompu sa carrière dans l'import-export pour assumer son rôle de mère, c'était bien assez que lui fût loin durant la semaine, même si elle aurait pu gagner beaucoup plus d'argent que Sean. La mentalité irlandaise l'avait soumise, surtout dans ce domaine.

– C'est moi l'homme. Je travaille, tu t'occupes des enfants, avait décrété son époux.

Sans le soutien de sa femme, donc, il n'aurait pu asseoir sa propre carrière. Il lui en fut reconnaissant jusqu'au printemps 1996. La première gifle arriva un vendredi soir au retour du pub. Il n'y avait pas eu moyen d'en parler pendant la semaine et, lorsque Margaret aborda la conversation au sujet d'une future dépense pour l'habillement des petites, Sean lui répondit qu'il n'était pas une banque et qu'il était possible de recycler quelques petites robes en les faisant passer d'une sœur à l'autre.

– Tu es trop souvent absent, répliqua sa femme, c'est peut-être pour cela que tu ne te rends pas compte que les filles grandissent à vue d'œil et qu'elles ont tous les ans une taille différente.

– Ne te permets plus jamais de me jeter mon éloignement à la figure, hurla-t-il en la giflant. Tu sais que je suis absent pour le travail et pour que nous ne manquions de rien !

L'enchantement était rompu. Les dix ans de bonheur montraient leurs premières fissures, destinées à s'aggraver la décennie suivante.

Au moment de son entretien avec Mary, Margaret ignore tout des autres et la policière ne lui en parle pas faute d'informations de première main à leur sujet. Elle recueille des données pour ses supérieurs, la spirale infernale des mauvais traitements, rien de très sérieux. Sean s'est toujours arrêté avant que cela ne dégénère gravement. La présence de ses filles le dissuadait probablement, le stress n'avait peut-être pas encore atteint son apogée. Puis, soudain, Margaret dut être hospitalisée pour contusions et fracture à la clavicule nécessitant une immobilisation de deux mois.

– Il voulait se prendre une période de congé, rapporta l'infortunée à Mary. Il a dit qu'il était fatigué de travailler et qu'il voulait voyager seul pendant deux mois. Là, j'ai vu rouge. Comment, j'ai élevé ses filles, l'une d'entre elles est sur le point d'aller à l'université, je me suis efforcée à tout faire toute seule de façon à ce qu'il puisse mener à bien son travail, et lorsque vient le moment de prendre des vacances, lorsque les filles sont au collège et que nous pourrions profiter d'un peu de tranquillité, il veut s'en aller tout seul ? « Il n'en est pas question », lui ai-je répondu. Il m'a donné un coup de poing dans le ventre et il m'a poussée violemment. Mon épaule a heurté le marbre de la cheminée. Non content de cela, il m'a donné des coups de pied et puis il m'a laissée là. Pour aller au pub, je crois. Si vous ne réussissez pas à le trouver, qui sait où il est passé.

Mary n'avait pas encore localisé l'intéressé au moment de l'entretien. Et elle n'avait pas encore parlé avec les deux autres femmes.

– Lisa est secrétaire au collège de Manchester, me dit-elle, c'est plus loin que Nottingham, par rapport à Londres, mais elle a été la première à recevoir officiellement des coups de pied de Sean, c'est pourquoi j'ai décidé d'aller là-bas, après avoir parlé avec Margaret.

Je demande :

– Et que fait la troisième ?

– Nancy est responsable didactique au lycée de Nottingham. Elle a quarante-trois ans. La seule femme au foyer du trio est l'épouse de Sean. Les deux autres ne sont pas mariées. On pourrait dire qu'elles sont toutes les deux vieilles filles, même si aujourd'hui il est plus correct de les définir comme célibataires.

– C'est vrai.

– En revenant de Manchester, je me suis arrêtée pour parler avec elle aussi, mais si vous me permettez de raconter dans l'ordre...

Je m'excuse. Mary est une fonctionnaire très minutieuse. Elle reprend son récit.

Lisa était une secrétaire capable de résister longtemps au charme de l'inspecteur, décidé et affable, bien qu'il se répandît en galanterie à chaque fois qu'il mettait les pieds au collège de Manchester. Au début, elle avait une histoire avec un commerçant de vêtements de sa ville, marié et bien décidé à ne pas briser son mariage, avec qui elle avait réussi à rompre au bout d'un certain temps. Durant les semaines qui suivirent la rupture, Sean insinua tant d'attentions dans la tristesse de cette femme qu'elle finit par céder.

Il s'était présenté comme un homme seul, contraint de vivre avec sa mère et sa sœur handicapée dans la région de Londres, où il devait retourner tous les week-ends et où il passait consciencieusement toutes ses vacances. Au moins n'était-il pas marié. L'espoir de voir un jour leur relation se régulariser brilla dans l'esprit de Lisa au point de la convaincre de lui céder régulièrement deux jours par semaine.

D'une certaine façon, ils se mirent en ménage en vivant dans un petit appartement non loin du collège. Tôt ou tard, la situation se débloquerait et son compagnon s'installerait à Manchester, et peut-être auraient-ils des enfants. Ne pas en avoir, surtout un fils, était une frustration qui, les années passant, l'attristait toujours davantage le jour de son anniversaire.

– Nous ne passons jamais ensemble un jour de congé, se plaignit-elle une fois.

Il en découla une telle dispute que ce fut paradoxalement elle qui, après tant de gifles, s'excusa. Elle avait été à ce point insensible qu'elle avait remué le couteau dans la plaie de l'insoutenable situation familiale de Sean, un vrai manque de délicatesse. La semaine qui suivit, il ne vint pas, mais la semaine d'après il resta même avec elle le week-end, pour la première et la dernière fois.

J'interroge :

– Comment a-t-il fait ?

– J'ai réussi à reconstituer les faits. C'était la troisième fois que je parlais avec Margaret, lorsque tout apparaissait plus clair, explique Mary. En effet, il est arrivé deux fois que Sean ne rentrât pas à Londres pour le week-end. « Des enquêtes sur des moyennes et des analyses de comptes dans les deux collèges », a-t-il dit à sa femme. Son travail le bloquerait à Nottingham et à Manchester également pour le week-end. Après tout, deux fois en dix ans, ce n'était pas beaucoup. Mais c'était toujours un bon père de famille.

L'ironie se lit dans les yeux de la policière. Elle sait qu'elle a piqué ma curiosité. Je pose donc la question qui s'impose :

– Et il a aussi consacré à Lisa le deuxième week-end ?

– Et non ! Sean avait un grand sens de l'équité. Entre-temps, il s'était aussi mis en ménage à Nottingham avec Nancy. La responsable didactique avait quelques années de plus – maintenant elle en a cinquante –, et elle n'espérait pas avoir d'enfants ou se marier. Beaucoup plus réaliste que Lisa, il lui suffisait d'avoir un homme qui dormît avec elle deux nuits par semaine. En vérité, l'inspecteur de l'enseignement ne dépensait pas un sou ni à Manchester ni à Nottingham. Ayant également dépeint à Nancy la pénible situation familiale qui le bloquait à Londres à chaque instant de liberté, il était bien décidé à ne jamais dépenser un sou pour un déjeuner. Chose également confirmée par Lisa.

– Bon gros malin.

– Un manipulateur sensationnel, au moins tant qu'il a pu tenir. Donc, environ un mois après avoir consacré un week-end à Lisa, il en a aussi consacré un à Nancy, par surprise, sans qu'elle le lui eût demandé. Elle m'en a parlé comme du week-end le plus beau de sa vie. Puis, avec le temps, quelque chose s'est gâché dans leur relation aussi.

– Des gifles sont encore parties ?

– Oui, et sans motif apparent. Mais Nancy est la plus faible des trois, psychologiquement parlant, et elle aurait été disposée à en accepter le double pour garder le bellâtre auprès d'elle. C'était une femme qui n'en attendait pas beaucoup plus de la vie, sur le plan sentimental, prête à tous les sacrifices pour ne pas perdre ce qu'elle avait. Son âge et un aspect physique peu favorable l'ont fait descendre sur l'échelle de sa propre estime jusqu'à l'empêcher de faire aucun reproche à celui qu'elle croyait son compagnon.

– En somme, cet étrange Sean s'est fait une famille dans chaque port. Je me demande comment il a pu tenir tout ce temps.

– Non seulement il a tenu, mais en plus il en a tiré du bénéfice. Nancy lui a fait un prêt à fond perdu de plusieurs milliers de livres sterling, qu'il a fait passer à la maison comme prime de travail. C'est comme cela que Margaret a changé la garde-robe de ses filles, une fois remise de ses gifles.

Le déclin du self-control de ce hâbleur sentimental venait probablement de son vice qui était de boire des bières, une habitude prise deux ans après avoir constitué son ménage à quatre. Mais une telle analyse se mord la queue. Comment ne pas penser que les bières servirent à anesthésier sa conscience bien avant d'être la cause des intempérances et des mauvais traitements ?

S'il avait réussi pendant deux ans à jouir des indéniables avantages de la situation, cela finit peut-être par lui peser, le conduisant à boire. De là, tout a glissé vers la fin que nous connaissons, même si ce fut très lentement. Dix ans de mensonges, ce n'est pas rien. Les bières que Margaret le voyait boire le vendredi soir étaient en réalité multipliées par trois. À la longue, l'alcool abrutit. Il faudrait remonter encore plus loin pour comprendre les actes de cet homme, mais pour le moment nous ne pouvons qu'en observer la parabole descendante. Les événements sont relativement frais et le travail psychologique sur lui est à peine commencé.

Loin de chez lui toute la semaine, il a préféré se créer un environnement familial dans chaque ville plutôt que de se donner à des aventures galantes occasionnelles ou de cultiver des pulsions plus équivoques. Il n'allait pas voir les prostituées et il ne cherchait pas le changement, il multipliait simplement des stabilités. Il était impensable qu'une scission multiple aussi constante ne conduisît pas à une crise. Peut-être l'intéressé l'avait-il même espéré.

Les trois femmes n'ont pas subi grand-chose physiquement, même s'il va sans dire que le traumatisme moral est énorme. Les gifles restaient rares et Sean a toujours essayé de réparer ses gestes déplacés. Ce qui l'a poussé à entamer sa triple vie relève de l'hypothèse, mais ce qui l'a obligé à la conclure brutalement vient sans aucun doute de la façon dont il a été trouvé par la police. Lily, la trentenaire diplômée en pédagogie avec qui il dormait à l'hôtel de Douvres, en rêvant sans doute d'une traversée de la Manche pour une escapade romantique à Paris, avait déclenché son coup de tête. Les deux mois d'absence demandés aux femmes avaient pour but de pouvoir passer du temps avec elle, une jeune femme assez belle avec un complexe d'Électre très développé. Elle avait peut-être trouvé chez cet inspecteur de l'enseignement bien connu dans le collège de Londres où elle était remplaçante le père parti lorsqu'elle était enfant, en la laissant seule avec sa mère. D'après ce que raconte la fonctionnaire de police, Lily n'en était pas à sa première aventure avec un homme plus âgé qu'elle.

Ce quinquagénaire a dû considérer s'être beaucoup trop écarté du droit chemin, au point de rendre son triple ménage insupportable. Il a alors pensé prendre un peu de temps pour profiter de cette nouvelle passion qui le consumait. Il a commencé par informer Lisa, l'amante déçue de Manchester, d'un probable éloignement pour emmener sa sœur handicapée recevoir des soins sur le continent. Lisa a fait preuve de peu de compréhension envers Sean, qui est sorti de ses gonds et l'a envoyée cogner partout dans la maison, comme jamais. Elle était tellement effrayée, tellement blessée plus encore dans son amour-propre que dans sa chair, qu'elle a immédiatement porté plainte, depuis son lit d'hôpital.

Après elle est venu le tour de Nancy. La pauvre n'avait rien à objecter. Elle était seulement attristée par le futur éloignement. Mais pour Sean, les visages devaient désormais se superposer au point de créer une remarquable confusion : il l'a battue comme plâtre malgré son proverbial acquiescement. Peut-être que de la voir aussi docile l'a fait enrager. De toute façon, il était saoul. Il a suffi d'un « Ça me fait de la peine de ne pas te voir pendant tout ce temps » pour le faire démarrer au quart de tour. La plainte est partie d'une des amies de Nancy assistante sociale qui l'a accompagnée à l'hôpital. Seule, Nancy n'aurait jamais osé, mais elle a commis l'imprudence de ne pas lui cacher comment elle avait eu les côtes fêlées et les yeux au beurre noir. Pour Margaret, qui ignorait encore l'existence des trois autres femmes, c'est sa fille aînée qui l'a ramassée et qui a appelé l'ambulance. Son père ne frapperait plus sa mère et personne ne l'empêcherait de porter plainte.

Sean avait vraiment perdu la tête. Il ne supportait certainement plus cette vie faite de subterfuges et, d'une certaine façon, il avait fini par rendre ces femmes coupables de ses propres méfaits. Il ne savait pas leur dire non, ou quelque chose dans le genre. N'ayant pas la force de se frapper lui-même, il a passé toute sa colère accumulée au fil des années sur ses victimes ignorantes. Son amour tardif pour Lily doit avoir contribué à faire sauter le couvercle de la cocotte-minute. Lorsqu'on tombe amoureux à cet âge-là, on a un désir très fort de virginité, une angoisse de jeunesse d'effacer toute erreur passée. Elles voulaient l'en empêcher ? Elles ne comprenaient pas, les idiotes ? Alors les coups de poing et les coups de pied plurent, c'était un tragique expédient pour tout faire échouer et se faire découvrir. Mais il ne s'agit là que de mes déductions. Si Sean n'avait pas démoli par la violence les alcôves bâties avec soin pendant tout ce temps, « ses femmes » n'auraient pas su la vérité à son sujet.

En effet, elles ont ensuite toutes réagi, même si ce fut à des moments différents, en confirmant les accusations et en laissant Sean dans les ennuis qu'il s'était cherchés. Margaret, après avoir appris la quadruple vie de son mari, a pris des mesures pour une immédiate séparation légale en demandant une pension alimentaire suffisante pour provoquer sa ruine définitive. Les deux autres femmes n'ont plus voulu le voir pour la même raison, alors que la jeune Lily a pensé que cela ne valait pas la peine de se faire à nouveau choper dans un hôtel par la police pour un satire déjà en route vers la vieillesse. Ascension et décadence d'un libertin. Tout est tiré des paroles de Mary.

– Ce qui me plaît dans cette histoire, me confie-t-elle, c'est que, bien que trompées, ces femmes ne se sont pas laissé malmener longtemps. Quelques gifles en dix ans, c'est peu par rapport à d'autres cas du même genre, où les victimes subissent toutes sortes de sévices pendant des années. Ici, il a suffi de la première admission aux urgences pour les tirer d'affaire toutes les trois.

– C'est vrai, mais que se serait-il passé si l'inspecteur de l'enseignement n'avait pas été obligé de donner son vrai nom ? S'il avait pêché en dehors de son milieu professionnel et s'il avait fourni une fausse identité, personne n'aurait relié les trois raclées et probablement qu'aucune des victimes n'aurait confirmé sa plainte. La tendance à offrir une autre chance, dans ces cas-là, dépasse les limites de la compréhension, fais-je remarquer.

– C'est parce que nous les femmes nous avons plus d'estime pour les hommes que ce qu'ils méritent, conclut la policière.

Son sourire n'a rien d'amer. Elle est juste lucide.

# LEA

Étudier puis enseigner au *Centro Sperimentale di Cinematografia* de Rome avait été le rêve de Lea depuis que, à quatorze ans, elle l'avait visité avec sa classe. Le professeur de lettres de première année de lycée classique, une mordue de cinéma, avait servi de guide et avait illustré dans le détails les activités didactiques du Centre.

Lea aimait les acteurs. Un en particulier, le très célèbre Alberto, qu'elle avait vu un soir au théâtre avec ses parents. Il était ténébreux et efficace dans ses intonations, que ce fût des intonations de colère ou de tendresse. Il lui plaisait tellement. Elle voyait chacun des films où son nom apparaissait. Malheureusement, l'acteur se consacrait surtout au théâtre.

Travailler dans ce domaine des images et des sons était devenu l'objectif de Lea après la visite de l'institut qui restait gravée dans sa mémoire. Elle pensait que le cinéma n'avait pas encore mis l'art d'Alberto en valeur parce que personne dans ce milieu n'en avait encore saisi la qualité. Il n'y a rien de plus puissant que le rêve d'une petite fille déterminée. Un jour, elle entrerait dans ce lieu et elle y changerait le système de l'intérieur.

Ses aspirations étaient plus altruistes que personnelles. Elle n'avait pas l'intention de se présenter sur scène ou d'apparaître de quelque façon que ce fût. Elle apprendrait à jouer seulement pour pouvoir l'enseigner. Et dans son enseignement, elle aurait porté Alberto au rang de modèle, de façon à révéler au monde tout son talent.

Après avoir obtenu son bac avec d'excellentes notes, Lea progressa dans les études du *Centro Sperimentale di Cinematografia* en apprenant tout ce qui lui servirait pour mener son projet à bien. Elle décrocha son diplôme en un temps record et fit une année supplémentaire pour obtenir une habilitation à l'enseignement et rentrer immédiatement à l'institut en qualité de professeur d'interprétation pour le doublage. Quelques années de pratique en tant qu'assistante, et elle obtiendrait une chaire. Aidée par une volonté inflexible, désormais sa vie s'ouvrait devant elle comme un éventail dont elle connaissait le moindre repli.

Elle jouait et elle enseignait le jeu, mais elle n'apparaissait pas, si ce n'est par sa voix, et elle apprenait aux autres à faire de la leur le meilleur des masques. Fille unique, rêveuse invétérée, il lui arrivait de donner sa voix à des actrices ou des acteurs qui à leur tour prêtaient leur corps, à elle ou à ses élèves.

Elle avait vingt-six ans lorsque son avenir se présenta à elle au-delà de ses prévisions les plus roses. Grâce à l'autorité et aux ressources du *Centro Sperimentale*, à un moment où le titulaire de la chaire s'était absenté pour d'autres engagements, elle proposa et obtint de former un laboratoire de doublage avec un maître de la discipline. Un acteur de théâtre confirmé qui, comme beaucoup d'autres comédiens, se risquait six mois par an à l'art du doublage à Cinecittà : Alberto.

Elle était arrivée où elle voulait et maintenant elle atteignait des sommets. Elle l'accueillit avec l'admiration voire la dévotion accumulée en douze longues années. À l'insu des élèves, elle mit tout en œuvre selon les habitudes du beau ténébreux. Sur le moment, l'intéressé ne s'en rendit pas non plus compte, tant il était surtout impressionné par la beauté de l'enseignante et par sa disponibilité didactique.

Pour un homme comme lui, laisser filer deux beaux yeux et deux jambes pareilles aurait été d'une impardonnable négligence. Il l'invita donc à dîner le soir même. Au restaurant choisi le long du Tibre pour célébrer leur rencontre, l'acteur se rendit compte qu'il se trouvait devant une femme très rare, une fille qui ne demandait pas de raconter quoi que ce soit sur elle, mais seulement d'écouter les merveilles mises en scènes pour la conquérir.

Il enfonçait une porte ouverte, mais elle ne le lui dit pas. La retenue fut comme un zeste de mystère dans un cocktail d'attention, qui dopait l'ego de la tête d'affiche. Au cours de la conversation, miraculeusement, Alberto put étaler tout le répertoire de la séduction qu'il avait apprise au fil des années sur les planches.

– L'attention et l'attente sont les deux forces qui régissent le temps au théâtre, lui disait-il.

Elle reconnut les paroles d'Alexandre Fersen étudiées au *Centro Sperimentale*, mais elle se garda bien de le manifester. Elle lui laissa croire qu'elle était pendue à ses lèvres, comme en effet elle l'était mais pour bien d'autres raisons que le besoin d'apprendre. Elle n'était pas un tableau noir sur lequel il pouvait écrire n'importe quoi, comme il le pensait, mais plutôt une vallée à écho capable de reconnaître les sons du passé et de les ré-attribuer au présent.

– L'attention ralentit le temps scénique et en tamise chaque instant ; l'attente en accélère le cours. Une tension conflictuelle entre les deux volontés antagonistes caractérise notre état interne de spectateurs.

– Quelle analyse pertinente.

Peu importait si Alberto n'en citait pas la source. Prononcées par sa voix, sorties de ses lèvres, les paroles changeaient de propriétaire, elles se choisissaient un auteur différent, nouveau, plus juste. Elles retentissaient aux oreilles de l'auditrice parfaite et allaient toucher les centres nerveux anesthésiés depuis longtemps.

Lea était connue au lycée pour être le canon le plus difficile à conquérir. Tout cela parce que son cœur était déjà pris, à l'insu de tous. Même Marcello, le séducteur invétéré du *Centro Sperimentale*, n'avait pas eu raison de son imperméabilité. Cette résistance à une vie normale, c'est-à-dire pleine d'amours de jeunesse communes à toutes jeunes filles, avait quelquefois préoccupé ses parents, mais ils ne pouvaient pas s'en plaindre, dans le fond. Elle réussissait en tout. Au moment opportun, elle réussirait même à se trouver un mari. C'est ce qu'elle était en train de faire ce soir-là.

Sa dévotion enveloppa la vanité d'Alberto comme un coussin de plumes, suscitant en lui une irrésistible attraction. Lorsque cette nuit-là l'acteur découvrit qu'il avait possédé une vierge, il se rendit compte qu'il se trouvait face à une créature introuvable.

Le mariage fut célébré à Capri six mois plus tard, le temps de remplir les papiers du divorce déjà engagé avec l'actrice qui avait précédé Lea dans le lit nuptial. C'est ainsi que partit la troisième femme de l'acteur, sans avoir donné jour à aucun enfant. Cela au moins contribua à faciliter les choses.

Les parents de l'épouse ne firent aucun obstacle à la réalisation de l'événement. Même si Alberto avait vingt ans de plus qu'elle, le soulagement de la voir s'installer avec un très bon parti l'emportait. Assister à l'entrée de leur fille dans la mairie, avec la longue traîne blanche, bombardée par les photographes et enviée par des starlettes et diverses connaissances, fut pour eux une grande fierté.

Après leur voyage de noces dans les Caraïbes, Alberto était prêt à réaliser son programme.

– Tu cesseras d'enseigner au *Centro Sperimentale*. Je veux que ta petite tête ne serve qu'à nous. Nous aurons des enfants et, tant que cela n'arrivera pas, tu me suivras en tournée et tu t'occuperas de ma carrière. Je ne veux pas me séparer un seul instant de toi.

Elle lui répondit par une seule syllabe :

– Oui.

Elle n'avait rien espéré d'autre depuis l'âge de quatorze ans. Son rêve s'était réalisé. Que Dieu préserve les petites filles de rencontrer leur amour de jeunesse. La belle maison aux Parioli les accueillit comme un nid pour une semaine seulement. La tournée d'Alberto avec les *Six personnages en quête d'auteur* de Pirandello était programmée depuis longtemps. Elle débutait au Théâtre Sistina pour ensuite se déplacer dans les principales villes du Centre-Nord. Cinq jours suffirent à Lea pour démissionner du *Centro Sperimentale* et s'engager dans la Compagnie dirigée par son époux.

Elle fut bombardée manager personnel de l'acteur rattachée au secrétariat de production et il ne lui fut attribué qu'un pouvoir apparent. Elle était en tout et pour tout le porte-parole du directeur de la troupe. Ses études dans le milieu du spectacle la préservaient du peu de considération dont les membres de la Compagnie l'auraient gratifiée en tant que femme du patron. Elle était professionnelle et en peu de temps ils s'en rendirent tous compte.

Alberto avait fait une affaire sur plusieurs fronts. Il était avec une femme de vingt ans plus jeune que lui, séduisante et dévouée, experte en interprétation et disposée à n'importe quel sacrifice pourvu qu'elle le satisfît. La tournée fut triomphale et elle consacra, en fin de saison, Alberto comme le plus grand interprète pirandellien d'Italie. Lea s'en réjouit, tout en restant tranquillement à l'ombre de l'homme rêvé.

Chaque semaine une ville différente, une suite dans des hôtels de luxe et de longues matinées d'amour. Ils voulaient tous les deux des enfants et ils s'y employaient. Lorsque l'été relança le succès avec une tournée dans les meilleurs théâtres d'Italie, leur idylle commença à se détériorer à cause des difficultés rencontrées par Lea pour tomber enceinte. Ce n'était pas nouveau. Les femmes qui l'avaient précédée en avaient déjà fait l'expérience.

Si la première, une actrice de cinéma, avait refusé d'emblée toute grossesse pour ne pas pénaliser sa propre carrière, les deux autres avaient fait leur possible pour donner à l'acteur un descendant, avec pour seul résultat de décevoir leur vaniteux conjoint au point de le pousser au divorce. Si même sa très jeune épouse avait du mal à procréer, la responsabilité devait revenir à l'homme. Alberto en était conscient et il évita de la rendre coupable pour ne pas entendre remettre en cause sa propre fertilité.

Un examen aurait suffi pour démontrer que lui seul ne pouvait pas avoir d'enfants, mais la frustration qui s'en serait suivie aurait risqué d'entamer l'amour-propre de l'artiste. Or pour un acteur, l'amour-propre est un instrument qu'il faut garder avec le plus grand soin.

Lea se montra encore une fois parfaite. Elle ne fit aucune allusion au problème, et fut d'un absolu dévouement. Alberto dramatisait son fiasco en l'attribuant aux manies et aux angoisses typiques de l'acteur.

– Le public était froid ce soir.

– Mais comment, trésor, tu l'as enflammé ! Tu as eu cinq minutes d'applaudissements !

– Les applaudissements ne signifient presque rien au théâtre. Tout le monde applaudit à tout. On ressent la force de son travail pendant la représentation. Les quintes de toux expriment un manque d'attention. Nous sommes en plein été et, pendant mon monologue, on avait l'impression d'être dans un lazaret !

– Tu exagères, chéri, moi je n'ai pas entendu toutes ces quintes de toux.

– Depuis les coulisses, on ne peut pas les entendre.

– J'ai été aussi dans la salle.

– Tu veux bien arrêter de me contredire ?? Si je te dis que le manque de concentration était palpable, je sais de quoi je parle. Désormais je suis rouillé, en pleine décadence.

– Alberto, comment peux-tu dire une chose pareille ? Tu as des dates partout et partout c'est complet !

– Des moutons ! Ce sont des moutons ! Juste parce que j'ai fait la pute à la télé dans le spectacle du samedi soir, ils se pressent pour trouver une place. Mais ce ne sont que des mondanités, ils viennent voir le phénomène de foire, ils essayent de se donner un genre en disant qu'ils ont vu mes *Six personnages*, mais ils n'y comprennent rien, je te dis. Je le sens pendant que je joue. Et le pire, c'est que je sens que c'est de ma faute.

– Mon pauvre chéri, tu es un géant.

– Arrête avec ta compassion ! Tu me donnes l'impression d'être pire encore, tu ne le comprends pas, idiote ?

L'insulte était comprise dans l'addition. Lea pouvait encaisser sans réagir, pourvu qu'elle contribuât à la grandeur de son idole, pourvu qu'elle respirât le même air que lui. Il s'agissait d'éclats de colère compréhensibles, des réactions qui ennoblissaient l'artiste en tant qu'âme sensible, instable dans la fragilité du cosmos créatif.

– Oui, je suis idiote. Enseigne-moi tout ce que tu sais, mon amour. Enseigne-moi à ressentir, à penser, à être. Si seulement le cinéma comprenait pleinement ton travail, si on t'offrait des rôles dignes de toi...

– Qu'est-ce que ça vient faire, le cinéma, maintenant ? Je me fous du travail de ces metteurs en scène à deux balles, timides, qui obligent les acteurs à murmurer de façon incompréhensible, qui travaillent sur la marge d'un minimalisme confinant au néant. Si c'était Hollywood, là oui : on y fait de vrais films !

– N'y a-t-il pas moyen de faire connaître ton travail en Amérique ?

– Veux-tu bien arrêter d'exciter ma vanité ? J'étais en train de te parler du théâtre, du feu sacré, du public souvent inaccessible dans ses habitudes de petit de bourgeois, pourquoi me parles-tu de cinéma ? C'est une bataille perdue. Tu sues sang et eau pour une interprétation de quelques minutes qui est ensuite coupée au montage, à cause du point de vue d'un metteur en scène incompétent ! Qu'est-ce que tu crois ? À Hollywood aussi, il y a des chiens ! Et que ferais-tu, comment t'y prendrais-tu pour arriver à la place de ces braves types ? Tu crois que c'est facile de réussir à faire un film avec Scorsese, avec Coppola, avec Lynch ? Pourquoi me fais-tu perdre ma salive ?

Lea n'avait nullement l'intention de la lui faire perdre. C'était une femme amoureuse, victime de la réalisation de son rêve, qu'est-ce qui l'empêchait de penser que d'autres rêves pouvaient se réaliser ? Avoir étudié au *Centro Sperimentale Cinematografico* lui servirait sans aucun doute.

Sans rien ajouter, dès leur retour à Rome pour une brève période de repos, elle se rendit à l'agence qui s'occupait de son mari et elle fit une copie de tout le dossier de presse le concernant. Puis elle éclaircit son curriculum, choisit les photos, joignit des critiques enthousiastes sur la tournée en cours et expédia le tout à une maison de production de taille moyenne, à Los Angeles, assez intéressée par les films d'auteur mais pas trop petite non plus.

Elle ne lui dit rien. Elle laissa les choses suivre leur cours tout en s'efforçant de les oublier. Une nouvelle saison, avec les essais et la mise en scène d'Ibsen, puis une autre encore avec Pirandello. *Ce soir, on improvise*. La femme-manager personnel devint bonne à tout faire : assistante metteur en scène (puisque Alberto décida de se mettre à la mise en scène), assistante de casting, assistante de plateau, chef maquilleuse, celle de son mari, naturellement.

Elle réussissait tout avec précision, sans que jamais le poids des tâches qui augmentaient jour après jour ne lui pesât. Elle était là pour ça et cela se lisait dans ses yeux. Proche de la trentaine, elle avait beaucoup plus d'énergie que le beau ténébreux et ce dernier ne manquait jamais de le lui rappeler comme si c'était une faute. Coquetterie envieuse d'acteur ? Il ne lui semblait pas. Mais au seuil de ses cinquante ans, cela se présentait à lui comme un obstacle difficile à franchir, malgré sa prestance qui lui enlevait bien dix ans.

– À ton âge je faisais des sauts mortels, répétait-il à Lea.

Sa femme lui répondait gentiment :

– Tu les fais encore, trésor, tous les jours.

Une femme parfaite. Une collaboratrice précieuse. La nature même de sa spécialité, le doublage, la conduisait à ne pas se plaindre de son rôle de simple collaboratrice. La voix que l'on écoutait, c'était celle de son mari, tout comme le corps que l'on voyait était le sien, mais le travail qu'elle accomplissait en coulisses s'apparentait à la discipline qu'elle avait, peu de temps, enseignée au *Centro Sperimentale*. Elle offrait son âme pour que le public reçût celle d'Alberto.

Leur vie sexuelle s'était un peu éteinte, mais leur activité professionnelle les unissait tellement qu'ils n'en ressentaient pas le manque. Si parfois Lea surprenait son mari caché dans une loge avec la jeune première du moment, elle faisait semblant de rien. Un homme désirable comme lui ne pouvait que subir les assauts de quelques jeunes poules arrivistes. Cela aussi faisait partie du jeu. L'augmentation des tâches qui lui étaient confiées faisait qu'elle se sentait en sécurité, et cela la rendait chaque jour plus indispensable. On divorce d'une épouse, non d'une assistante de plateau.

« Excuse-moi, trésor, cette évaporée voulait répéter ces répliques » était une justification suffisante pour clore la discussion.

Alberto n'était pas vraiment intéressé par le sexe, Lea n'avait pas mis longtemps à le comprendre après leur échec dans le domaine reproductif. Le Maître s'abaissait à quelques escarmouches érotiques seulement pour maintenir en vie son pouvoir à l'intérieur de la Compagnie. Jouer, c'est séduire. Si un soir il s'était isolé avec une productrice « du milieu », il l'avait fait uniquement pour obtenir de meilleures clauses dans le contrat.

Sa femme ne le jugeait pas mal pour cela. Un grand acteur doit être en représentation, même dans la vie. Il lui suffisait de partager le monde de l'homme se trouvant à ses côtés, le vrai monde, celui fait de tensions, de peurs et d'imperfections destinées à elle seule. En public, ils étaient d'ailleurs tous les deux parfaits. Large sourire, vêtements impeccables, main dans la main.

En Italie, les triomphes s'ajoutaient aux triomphes, toujours et seulement sur les planches. Le cinéma semblait avoir oublié Alberto, qui masquait sa frustration croissante. Ses apparitions à la télévision suffisaient à lui faire tenir la vedette, même si elles contribuaient à épuiser l'estime qu'il avait de lui-même.

– En être réduit à faire des sketchs avec ce débile d'animateur, c'est une vraie humiliation !

– Je sais, chéri, mais cela attire un tas de gens au théâtre.

– Ah, quel monde de péquenots ! Il faut se comporter comme un clown pour donner envie au public à quelque chose de sublime. Où en sommes-nous arrivés ?!

– D'une certaine façon, tu fais leur éducation, mon amour. Tu les obliges à dépasser l'horizon restreint de leurs attentes.

– Tu es une utopiste. Même si je joue Pirandello ou Ibsen, c'est le clown qu'ils viennent voir.

Cet été-là, le téléphone sonna. Lea répondit au long numéro apparu sur l'écran tout en s'interrogeant de sa provenance. C'était Los Angeles. Après avoir examiné le dossier de presse envoyé deux ans plus tôt, la maison de production d'Hollywood voulait auditionner Alberto.

– Le Maître ne peut pas partir pour la Californie sans avoir une idée du scénario, balbutia la petite femme.

À l'autre bout du fil on lui répondit qu'assisteraient personnellement à l'audition, la semaine suivante, le metteur en scène, Oliver Stone, ainsi que le partenaire déjà choisi pour le premier rôle, Dustin Hoffman.

Alors qu'ils montaient à bord de l'avion à l'aéroport Malpensa de Milan, quelques jours plus tard, Alberto était encore en train de récriminer.

– Je n'arrive pas y croire. Tu as tout fait sans avoir le bon goût de m'en informer.

Cela faisait mille fois qu'elle lui expliquait l'élan qui l'avait poussée à agir. Pourtant, elle ne se fatiguait pas de le lui répéter, avec la patience d'un souffleur qui aide un acteur à apprendre son rôle.

– Tu étais découragé. Tu ne me l'aurais pas permis. J'ai toujours cru en tes capacités, mais tu ne m'aurais pas écoutée. Tu pouvais quand même refuser l'audition et, si tu ne l'as pas fait, cela veut dire que tu y tiens un peu.

– Bon sang, Lea ! Comment veux-tu que je refuse ? Désormais nous y sommes. Si j'avais dit non, je finirais mes jours à me torturer dans le doute d'une occasion ratée !

L'avion décolla. Les jeux étaient faits. Pendant le long vol, on projeta le dernier film d'Oliver Stone.

– C'est un signe, dit-elle en mettant les écouteurs.

Alberto répondit avec un sourire qui ressemblait à une grimace de dégoût.

Lorsque, durant le voyage de retour, ils découvrirent que dans l'avion on passerait le même film, cette grimace se lut sur les deux visages. L'audition avait été un désastre. L'anglais d'Alberto s'était enrayé à la deuxième question, pourtant simple, sur sa carrière. C'était comme si le nombre infini de leçons prises vingt ans plus tôt et les deux années passées sur les bords de la Tamise pour affiner sa langue avaient été submergés par le trac.

*Stagefright*, c'était le seul mot anglais qui brillait avec netteté dans son cerveau alors que le metteur en scène et le partenaire pour le premier rôle l'observaient. La dépression qui s'ensuivit immédiatement l'empêcha d'accabler Lea comme il l'aurait voulu. Heureusement ils n'avaient donné aucun écho médiatique à l'opportunité offerte outre-Atlantique, autrement la catastrophe aurait eu une portée monstrueuse.

– Un petit garçon qui fait ses premières armes s'en serait mieux tiré.

– Trésor, l'émotion joue des mauvais tours... Cela peut arriver à n'importe qui...

– Les femmes disent de telles phrases aux hommes défaillants.

– Un moment de faiblesse te rend plus humain, donc plus vrai. Je t'admire plus qu'avant, mon amour.

– Ne me casse pas les couilles avec tes jérémiades. Ça aussi, ça sonne comme de la pitié pour un impotent.

– Trésor, tu n'es pas impotent !

– Je crois bien ! Et tu t'en apercevras !

Le retour de Californie est long, le fuseau horaire l'alourdit d'une journée supplémentaire. Il paraît interminable quand on revient bredouille. Entre de longs silences et un découragement soporifique, ils arrivèrent finalement chez eux. Rien ne serait plus comme avant. Lea le craignait, même si elle ne le ressentait pas explicitement. Alberto n'en avait aucunement conscience, même si cela couvait. Pour la première fois ils ne partagèrent pas le lit conjugal, lui alla ailleurs, dans une des chambres d'amis, celle qui un moment donné avait été rêvée comme la chambre d'un fils à venir. Elle resta seule dans le grand lit et pleura.

Ce secret les unissait mais s'interposait aussi entre eux. La honte d'une occasion ratée, d'une chance perdue, qui tôt ou tard se répandrait de bouche à oreille dans le milieu du cinéma jusqu'à l'Italie, brûlait sur leur avenir comme le pétrole à la surface de la mer. Si auparavant il existait une échappatoire, c'est-à-dire que le cinéma ne fût pas à la hauteur d'une vedette comme Alberto, la situation désormais inverse rendait l'acteur inapte au Septième Art.

En réalité, rien de la sorte n'arriva, mais la possibilité que cela se vérifiât menaçait comme l'épée de Damoclès leur mariage. Ils recommencèrent vite à dormir dans le même lit sans qu'en substance leurs rapports intimes déjà rares ne changeassent. Un débouché de carrière s'était refermé et celle qui avait essayé d'en être l'artisane avait encore moins d'attraits aux yeux d'Alberto.

En public, ils arboraient tous les deux leur éclatant sourire de toujours ; au travail, elle était la même efficace bonne à tout faire et lui l'histrion qui enchantait ses fans ; en privé, il n'y avait pas grand-chose à dire. L'échec secret pesait plus sur Lea que sur lui. Elle voyait son rêve partir à la dérive. Quelque chose s'était brisé dans sa vision positive du monde. La confiance de le façonner en fonction de ses propres objectifs diminuait pour la première fois.

Alberto aussi manifesta quelques défaillances. Le whisky entra dans la vie de l'acteur sous forme de petits verres à la fin des spectacles. Comme il n'avait jamais bu d'alcool jusqu'à ce moment-là, l'altération qui s'en suivait rendait ses réactions imprévisibles. Les insultes se firent plus dédaigneuses, le respect conjugal perdit de son émail. La rancœur qui avait couvé au fond de lui se mit à se déverser toujours plus fréquemment sous forme de détails blessants, comme si tous les efforts pour le satisfaire n'avaient aucune valeur.

Il descendait la pente de façon toujours plus rapide. Au cours de la saison suivante, Alberto décida de passer davantage à la télévision, chose qu'il avait toujours eue en horreur.

– Nous avons besoin d'argent, d'argent et de popularité. Si je ne continue qu'avec le théâtre, le cinéma ne s'apercevra jamais de mon talent.

Lea fut soulagée de l'entendre parler ainsi. L'argent ne manquait pas et la popularité non plus, mais l'idée qu'il voulût prendre une revanche sur son échec californien lui redonnait courage.

– Ces fictions insupportables, ces navets qui empestent l'audience et endorment les esprits ont l'avantage de porter le visage d'un acteur chez les gens semaine après semaine. Il est temps de cesser de faire les difficiles. J'organiserai un dîner dans la villa d'Ostie. Tu dois m'aider à inviter les bonnes personnes.

– Compte sur moi, chéri.

Quatre mots qui valaient de l'or. Lea sélectionnerait les invités, attribuerait les places à table, préparerait l'événement dans les moindres détails, comme toujours, sans attendre aucun remerciement. Son rêve reprenait de sa splendeur initiale, on était de nouveau en piste pour voir les contes de fées de jeunesse se réaliser.

Qu'Albert passe outre son dégoût pour la télévision était un peu décevant pour l'image d'être pur qu'il avait toujours aimée présenter. Mais c'était secondaire. Il ne s'agissait que d'une manifestation extérieure du mal-être qui le faisait devenir vulgaire dans les moindres détails. Les petits verres de whisky exprimaient le même malaise, tout comme d'ailleurs la lourdeur des injures.

Cette fois, la vedette avait en tête quelque chose de différent. Quelque chose qui ne s'accorderait absolument pas avec le rêve de Lea. La jeune femme n'avait pas compris que son mari était prêt à lui demander un effort plus grand. Un effort offensant.

– Tu vois Barlacchi ? C'est le responsable des fictions à la Rai et aussi à Mediaset. Si nous faisons une bonne impression, la prochaine saison télé est pour moi.

– Ne crains rien, tout sera parfait, le rassura naïvement Lea.

– Tu ne m'as peut-être pas bien compris, Lea. Je ne parle pas du menu ni du plan de table. Nous sommes à un tournant. Ou bien je m'en sors maintenant ou alors j'entame mon déclin comme cela arrive à tous les acteurs de théâtre en Italie. Il faut se recycler avec la fiction pour que l'on ouvre la porte à quelque chose d'autre. Tu sais combien je déteste de devoir le faire. Mais si je joue le tout pour le tout, tu dois être prête à agir de même. Je ne veux pas que tu te retranches derrière de stupides égoïsmes.

Lea resta interdite. De stupides égoïsmes ? Et lesquels ? L'habitude de l'acquiescement ne lui permit pas de formuler ses pensées à voix haute, mais l'interrogation se lisait sur son visage.

– Jusqu'à présent, je t'ai protégée de la médiocrité qui traîne dans ce milieu, mais maintenant il s'agit de nous en sortir tous les deux.

Elle ne comprenait toujours pas.

– Tu te souviens que nous avons déjà rencontré Barlacchi au gala pour le David de Donatello, l'année dernière ?

– Bien sûr.

– Bien. Nous l'avons rencontré ensuite à d'autres occasions et il s'est toujours montré bien disposé à notre égard.

– C'est vrai.

– Alors, tu dois savoir qu'au dernier cocktail, celui au Quirinal, il s'est approché de moi et il m'a fait comprendre qu'il nourrissait un intérêt tout particulier pour toi. Je ne sais pas si je me suis bien fait comprendre.

– Oh, ben ça alors ! Je n'ai jamais daigné lui accorder une attention autre que formelle. Tu ne serais pas jaloux, par hasard. Sache que tu n'as absolument aucune raison.

Heureuse innocence. Alberto recueillit ses forces pour essayer de s'exprimer de façon plus claire.

– Bien au contraire ! Ce que je suis en train de te dire est que nous devrions, que tu devrais... en somme... il serait utile que nous nous appuyions sur cette sympathie à ton égard pour obtenir de lui le maximum.

– Que veux-tu dire ?

Lea ne voulait pas croire à ce qu'elle commençait à comprendre.

– Je voulais te demander de ne pas être trop stricte. D'être mignonne avec lui en cas de nécessité.

Lea rougit. Elle recourut à tout le self-control dont elle était capable pour ne pas laisser déborder la colère qui lui rongeait l'estomac.

– Et jusqu'où pourraient aller cette « nécessité » ?, demanda-t-elle.

– Ma chérie, le terme dit lui-même jusqu'où il sera nécessaire d'aller.

Tout l'échafaudage de ses rêves lui tomba dessus d'un seul coup, il s'écroulait en plusieurs briques qui lui frappaient l'âme et en plâtras qui lui souillaient la peau. Elle s'était construit une vie pas à pas pour arriver à la hauteur d'un homme idéalisé au-delà de tout bon sens et maintenant cet homme-là lui demandait une telle bassesse ! C'était inacceptable, douloureux, humiliant.

La stature idolâtrée d'Alberto rapetissait sous ses yeux, la laissant seule, au milieu de ses illusions en haillons, devant un pygmée pusillanime. L'amour pour le cinéma, pour le théâtre, les heures, les jours et les années passés dans son ombre lui explosèrent tous ensemble à la figure comme des images choc et lui montrèrent l'état de désagrégation psychologique auquel elle s'était réduite.

– Jamais, cria-t-elle, tu as compris, jamais ! Tu n'es rien d'autre qu'un lâche et un ingrat. Je préfère plutôt m'en aller !

C'était la première réaction qu'Alberto voyait chez elle depuis toutes ces années. Il en serait resté stupéfait si le malt écossé fermenté qu'il venait d'avaler n'avait provoqué en lui une ivresse arrogante. De cette ivresse partit un coup de poing qui frappa Lea en plein visage.

– Va-t-en tout de suite, alors, connasse !

Il essaya de l'arrêter, quelques minutes plus tard, lorsque la jeune femme prenait les escaliers tout en se couvrant le nez avec un mouchoir plein de sang. C'était trop tard. Aucune tentative de réconciliation ne connut une issue favorable. Elle ne voulut plus le voir. Leurs avocats respectifs s'occupèrent de la procédure de divorce. Pour lui, c'était le quatrième ; pour elle, selon ses propres mots, ce serait « le premier et le dernier ».

Le *Centro Sperimentale* la réadmit grâce à l'appui de Marcello, le malheureux soupirant auparavant éconduit.

– Ce n'est qu'un ami, m'assure-t-elle. Nous allons souvent nous promener ensemble. Le reste du temps, j'enseigne le doublage.

Elle voit Alberto à la télé de plus en plus souvent. C'est devenu un héros des fictions larmoyantes, celles dans lesquelles un acteur qui a dépassé la cinquantaine a encore quelques cartouches à tirer. Dans le fond, il ne lui a donné qu'un seul coup de poing durant tout le mariage. Mais il y a des blessures qui ne se voient pas.

# MADDALENA

À dix-huit ans, Maddalena était déjà depuis longtemps éperdument amoureuse d'Angelo. Ils fréquentaient la même bande d'amis, à Palerme, ils plaisantaient et ils riaient même si ce n'était pas particulièrement ensemble. Le groupe était assez uni et leurs regards se croissaient de temps en temps, le cœur de Maddalena faisant alors un bond dans sa poitrine. Mais elle n'avait aucune idée de ce que le garrçon ressentait. Elle rêvait, elle se contentait de rêver qu'un jour il se rendrait compte qu'elle l'aimait.

Ils firent un tour en scooter, l'été de leur bac. Elle l'avait obtenu du premier coup avec d'excellentes notes. Lui l'avait décroché au repêchage avec une moyenne moins louable, mais le lycée était passé en force et à la fin du mois de septembre on penserait à la fac. Leurs familles étaient suffisamment aisées pour ne pas les obliger à s'en préoccuper à l'avance.

Au début du mois de juillet, après une journée passée tous ensemble à la mer, Maddalena finit par espérer que les yeux d'Angelo, souvent pointés sur elle à la plage, lui diraient bien quelque chose de plus, ce soir-là, alors qu'elle était assise à côté de lui à la pizzeria. Mais il mangea à toute vitesse sa Margherita et prit congé de ses amis sans même lui adresser un regard.

– Les gars, je dois y aller. Portez-vous bien.

Salvatore vint sans le savoir au secours de Maddalena en lui demandant :

– Et où est-ce que tu dois te sauver ? Reste encore un peu avec nous.

– Ce ne sont pas tes affaires. J'en ai assez des pédés pour aujourd'hui.

La réplique était cinglante. Tout se réduisait à une fanfaronnade et Maddalena ne pouvait rien y faire. Son amour s'en allait sans lui avoir rien dit d'important. Qui sait, peut-être que ça irait mieux le lendemain.

Peu après ils se retrouvèrent tous en moto et scooter, fonçant dans le soir humide de Palerme sans destination précise. Ils passèrent d'une granita à une tranche de pastèque fraîche pour tuer le temps en attendant l'ouverture de la discothèque. D'ici là, la soirée serait longue. S'amuser, même pour des jeunes gens, demande de l'application. Antonio lança une idée :

– Allons boire quelque chose au *Calumet* !

– Pourquoi pas ?

Maddalena, avec de beaux cheveux noirs qui sortaient de son casque, approuva comme les autres, mais avec moins de conviction. Sans Angelo, cette pérégrination perdait de son sens et ne lui disait rien. Elle était vraiment amoureuse. Lorsqu'ils arrivèrent au *Calumet*, elle y entra la dernière et son cœur se remit à battre à cent à l'heure, comme cet après-midi-là à la mer. Il était là, assis à une tablée de personnes qui avaient toutes plus ou moins une vingtaine d'années de plus qu'eux.

– Qu'est-ce que tu fais ici, morveux ?, lui lança Salvatore.

– Et toi ?, rétorqua-t-il.

Ils rapprochèrent les tables et les deux groupes se mêlèrent sur l'invitation de Mario, celui qui semblait le chef des quadragénaires. Les hommes et les femmes commencèrent à plaisanter avec les jeunes en faisant preuve de la même allégresse. Maddalena s'assit face au blond qui la faisait trembler, sans réussir à décrocher une parole.

– Comme elle est mignonne, ta petite amie, dit Mario à Angelo tout en lui passant le bras autour du cou.

Ce fut comme si le blondinet se rendait compte de son existence pour la première fois. De toute évidence, l'appréciation de l'homme avait une certaine influence sur lui. La soirée glissa doucement à partir de ce moment-là comme si le temps était suspendu. Les quadragénaires payèrent l'addition et suivirent les jeunes jusqu'à la discothèque, où ils se déchaînèrent tous ensemble sur des rythmes hybrides de techno-pop.

Maddalena et Angelo finirent enlacés sur un des rares slows presque une heure plus tard.

– D'où les connais-tu ?, lui demanda-t-elle.

– Je les ai rencontrés, répondit-il.

– Ça fait longtemps ?

– Mais non, c'était par hasard.

– Ce Mario semble très intime avec toi.

– Il fait comme ça avec tout le monde. Tu n'as pas vu ? Il a tout de suite dit que tu es mignonne.

Maddalena rougit. Angelo était enfin gentil avec elle. Il avait posé une main sur son dos dénudé et il la fixait droit dans les yeux.

– Avec qui es-tu en moto, toujours avec ton cousin Antonio ?, lui demanda-t-il.

– Oui.

– Tu veux bien que je te raccompagne chez toi avec la voiture de mes parents ? Je suis passé la prendre avant d'aller au *Calumet*.

– Oui, je veux bien, chuchotta Maddalena dont le cœur éclatait de joie.

La piste avait disparu, tout comme les amis et les connaissances faites le soir même. Ils étaient tous là tout autour, mais pas pour Maddalena, qui avait l'impression de flotter avec Angelo dans le faisceau du projecteur allumé rien que pour eux. Elle était tombée amoureuse de lui la première fois qu'elle l'avait vu. Pour sa beauté cristalline, un blond à Palerme c'est rare, mais aussi à cause de quelque chose de trouble au fond de ses yeux.

Ce soir-là, le trouble était encore plus intense, il occupait ses pupilles tout entières et émettait des rayons laser d'un charme irrésistible. Il la fixait à tel point qu'elle avait l'impression d'être nue. Lorsque la voiture prit une autre direction que celle de chez elle, Maddalena ne s'en étonna pas. Le moment était venu de céder à la fatalité de la vie.

Les sièges rabattus servirent de lit de noces et les tôles de la carrosserie firent office de baldaquin nuptial. Perdre sa virginité est une faveur qu'il faut savoir accorder à la bonne personne. Pour elle, Angelo était la bonne personne et si la chose fut consommée rapidement et de façon douloureuse, cela eut peu d'importance.

Le jeune homme avait « fait son affaire » et s'était immédiatement rhabillé. Après avoir relevé les sièges, il démarra et prit la bonne direction. Maddalena avait mal au ventre et elle avait honte à cause du sang. Comment l'expliquerait-elle à la maison ? Ce serait une course vers la salle de bains pour tout mettre dans un sachet qu'il faudrait jeter à la poubelle. Quelle misérable réalisation de son rêve.

Et pourtant Maddalena aimait encore Angelo. Elle ne regrettait rien de ce qui s'était passé. Le lendemain, elle en fut même heureuse. Mais pourquoi ne l'appelait-il pas tout de suite ? Pourquoi ne recevait-elle pas de SMS sur son portable ? Seul son cousin Antonio lui demanda comment s'était terminée sa soirée. À coup sûr, Angelo voulait la maintenir sur des charbons ardents, la laisser espérer qu'il lui mettrait la corde au cou, des expressions relevant aussi bien de la torture que de l'amour.

La situation ne changea pas les jours suivants, ni la semaine d'après. La bande était toujours la même, mais Angelo gardait ses distances et il partait plus souvent qu'à l'accoutumée, probablement pour rejoindre ses amis quadragénaires. Salvatore le taquinait à ce sujet :

– Qu'est-ce que tu peux bien faire avec eux ? Ils sont sympas, mais ils sont vieux.

– Vieux à quarante ans ? Peut-être. Mais, crois-moi, pour certaines choses, ils paraissent plus jeunes que nous. Seule différence, ce sont des experts.

Maddalena aussi se demandait ce qu'Angelo pouvait bien faire avec ses aînés, mais elle cessa rapidement de s'intéresser à la question. Un autre problème, bien plus grave, occupait ses journées. Le retard de ses règles était quelque chose de tout à fait nouveau car son cycle avait une extraordinaire régularité. Elle ne voulait pas se présenter dans un dispensaire pour faire des analyses, il lui semblait qu'ainsi elle aurait donné trop d'importance à ses craintes. Mais, rouge de honte, elle acheta dans une pharmacie un test de grossesse à faire chez soi. Lorsque le cercle rose tant redouté apparut, la frugalité de l'unique rapport qu'elle avait eu avec le garçon dont elle était amoureuse lui revint à l'esprit comme une ironie du sort. Elle était enceinte d'un jeune homme qu'elle pensait aimer, mais dont elle n'avait reçu aucun plaisir. Qui sait maintenant comment il prendrait la nouvelle ? Lui opposerait-il l'ostentatoire indifférence de ces dernières semaines ?

Apparemment, ce fut encore pire. Mais l'indifférence n'aurait pas été préférable à l'explosion d'insultes qu'Angelo lui adressa. Il faisait au moins preuve d'une quelconque passion à son égard.

– Qui me dit, sale pute, que ce n'est pas un autre qui t'a mise enceinte ?

– Tu sais bien comment j'étais ce soir-là dans la voiture. Quel mot convient, « vierge » ? Oui, j'étais vierge avant de faire l'amour avec toi.

– Faire l'amour...

– Oui, pour moi c'était ça, même ça ne l'était pas pour toi. Parce que moi je t'aime, Angelo, je t'aime depuis toujours.

– Mais comment peux-tu m'aimer, tu ne sais rien de moi ? Espèce de folle !

– Ce que je sais me suffit pour continuer de t'aimer.

– Allez va, va...

Ce jour-là la discussion s'acheva ainsi, mais quelque chose

dans la conscience du jeune homme continua de le travailler et lorsque le moment fut venu d'annoncer la nouvelle aux parents de Maddalena, Angelo se présenta là où son honneur l'appelait. Il en avait déjà parlé à ses parents qui avaient reconnu que la famille de Maddalena était digne de respect et que la religion dont ils étaient d'assidus pratiquants interdirait sans aucun doute tout avortement. Ils regrettaient que leur fils de vingt ans se fût mis dans le pétrin, mais ils lui offrirent tout le soutien nécessaire afin de lui permettre de finir ses études tout en étant marié. Avec ces atouts en poche, Angelo se présenta donc dans la famille de la future épouse. Cette conduite si correcte provoqua l'admiration et il sauva ainsi sa fiancée de la colère paternelle. Elle s'était compromise, c'est vrai, mais la solution était déjà toute trouvée. Le jeune homme était de bonne famille et à quelque chose malheur est bon.

Le mariage fut célébré à l'église avec la mariée en blanc bien que son ventre de trois mois arrondît sa robe en dentelles. La cérémonie et la fête qui suivit soulagèrent Maddalena de la tristesse dans laquelle tout avait commencé. Ce fut le plus beau jour de sa vie. Cette nuit-là, elle fit enfin l'amour avec Angelo, de la façon rêvée, avec abandon et plaisir, même si elle dut s'interrompre au meilleur moment à cause de soudaines nausées.

Elle avait quand même connu une expérience proche de l'extase ; elle était réconfortée par l'idée que cet état existât, qu'il y eût la possibilité de l'atteindre vraiment un jour.

Giulio naquit six mois plus tard. On devinait chez ce petit garçon vif le duvet blond et les yeux bleus de son père, mais aussi les traits méridionaux de sa mère. Maddalena avait grossi de vingt-cinq kilos pendant sa grossesse, c'était vraiment beaucoup trop. Elle comptait les perdre rapidement, mais au bout de six mois la situation n'avait pas changé. Allaiter lui donnait faim et si elle essayait de se contrôler, son appétit augmentait.

Angelo patienta encore un peu avant d'exprimer à sa femme le dégoût physique qu'elle provoquait en lui.

– Comment peux-tu prétendre que je te touche, si tu es une montagne de graisse ? Quand te décideras-tu à reprendre un aspect décent ? J'ai honte de me montrer avec toi !

Il ne se montrait pas avec elle. À cette période, les études universitaires semblaient déjà être des escaliers trop raides à monter et sa famille avait décidé de remplacer les promesses d'aides au suivi des cours en quelque chose de plus concret. Ils avaient acheté une petite maison dans un village voisin, dans l'arrière-pays, et ils avaient intrigué, par l'intermédiaire de connaissances, pour faire entrer leur fils comme employé à la Mairie de Palerme.

Dans la journée, il était toujours en ville, et le soir il rentrait à la maison. Toujours moins souvent, pour dire la vérité. À la carence des rapports sexuels, d'abord due à la difficile gestation puis au peu de charme de sa femme après l'accouchement, Angelo répondait en restant dehors jusque tard dans la nuit. Parfois, le vendredi ou le samedi soir, il ne rentrait même pas. Il se présentait le matin, épuisé, et il demandait seulement qu'on le laissât dormir en paix.

Maddalena, même si elle était surtout mécontente d'elle, ne le supportait pas et elle se mettait à débiter la litanie des questions habituelles :

– Où étais-tu ? Que faisais-tu ? Tu t'es vu avec ce Mario ? Je n'aime pas que tu fréquentes cette bande. Tu as un fils à qui tu dois penser. Et une femme aussi.

Seule une gifle pouvait la faire taire. Parfois même pas. Angelo, dans ces cas-là, ne lésinait pas et rajoutait quelques coup de pied bien assénés jusqu'à ce qu'il obtînt que la jeune femme sanglotât en silence, tout en berçant le petit pour faire cesser ses hurlements. Le chef de famille se mettait alors des bouchons dans les oreilles et se couchait jusqu'à cinq heures de l'après-midi. Au réveil, les remords l'assaillaient lorsqu'il voyait les marques laissées sur le corps de Maddalena. Il lui demandait pardon mais si elle montrait un quelconque signe de rancune, il repartait avec les insultes sur le physique de sa femme.

– Regarde-toi, tu es une baleine. Tu n'as pas honte ? J'ai peur de te toucher.

De telles paroles la blessaient plus encore que les gifles.

De temps en temps, le bon garçon caché en lui (Maddalena en était convaincue) ressortait et l'encourageait pour qu'elle se mît sérieusement au régime afin qu'elle redevînt le beau brin de fille qui l'avait attiré au début. Dans ces moments-là, elle sentait qu'Angelo l'aimait, mais il y avait une souffrance qui le tourmentait, un côté de son caractère qui prenait le dessus et le transformait en une brute insensible. Peut-être était-ce le travail qu'il avait dû entreprendre à cause de ses faibles performances universitaires, ou encore l'interruption de sa vie insouciante avec l'arrivée de leur fils...

Pourtant il était heureux d'avoir Giulio et il n'en faisait pas mystère. Lorsqu'il ne se disputait pas avec Maddalena, il dorlotait le petit avec une grande passion. Pendant une année il ne la frappa plus et il parut changer de comportement envers elle. Il cessa de sortir les week-ends et il programma sa semaine de façon contraire à ce qu'il faisait auparavant. Il resterait dormir à Palerme, chez ses parents, pour rentrer en revanche à la fin de la semaine.

– Tu ne sais pas ce que ça veut dire que de me lever une heure plus tôt pour aller travailler en ville. Surtout quand Giulio nous a réveillés en pleine nuit. C'est mieux comme ça. Si nous habitions à Palerme, ce serait différent, mais...

Maddalena ne put qu'accepter, mais l'éloignement de son mari ne l'aidait pas à maigrir. Elle finit par faire cinq repas par jours, en en faisant passer deux pour des goûters alors qu'ils n'avaient vraiment rien du goûter. Elle se pesait une fois par semaine et s'il lui arrivait de voir quelques centaines de grammes en moins sur la balance, la semaine suivante elle y découvrait un kilo de plus.

Après presque un an de cette routine, elle atteignit un surpoids de vingt-sept kilos en tout. Angelo ne l'effleurait même plus, il se pelotonnait dans le lit de manière à ne pas la toucher, même par erreur, dans son sommeil. Maddalena, à ce point-là, ne pouvait plus se mentir à elle-même. Son mari devait bien trouver quelque part un exutoire physique.

Elle ne l'avait jamais fait et elle lutta longtemps contre elle-même avant de téléphoner aux parents d'Angelo en trouvant une excuse. La belle-mère fit une gaffe qu'elle ne ferait plus par la suite.

– Angelo ne dort pas là cette nuit. Pourquoi, c'est ce qu'il t'a dit ?

La dispute qui s'ensuivit le lendemain fut violente.

– Où étais-tu ? Avec qui tu as couché ? Tu as une autre femme, une maîtresse.

– Allez va, idiote ! Pourquoi veux-tu que j'aie une maîtresse ? Même si, avec l'aspect que tu as, je ferais bien de m'en trouver une...

– Tu es un lâche !

Ce fut la fois où il la frappa le plus fort. En l'accompagnant aux urgences, plus tard, avec Giulio encore bouleversé au bras, il lui ordonna de ne pas révéler l'origine de ses blessures, sinon il la larguerait en emmenant le petit, « grosse vache », conclut-il de façon cinglante.

Malgré cette retentissante leçon, Maddalena céda encore les mois suivants à la jalousie et appela chez les parents d'Angelo, mais il ne lui fut plus dit que le fils ne rentrerait pas pour la nuit. Avec une foule d'excuses toujours plus fantaisistes, les beaux-parents justifièrent toujours l'absence de leur fils pourvu qu'ils ne causassent plus d'autres désastres.

– Tu sors avec les amis que je t'ai vu fréquenter, admets-le, lui criait-elle de temps en temps lorsqu'elle ne redoutait plus de se faire frapper. Et va savoir ce que tu peux bien faire avec eux !

Et alors elle recevait des coups. Les marques apparaissaient à des endroits différents en fonction du moment où sa jalousie se manifestait, c'était presque comme si elles témoignaient des variations des inspirations violentes de son mari. Naturellement, elle ne disait à personne ce qui se passait, par peur mais aussi à cause de la honte. Ses parents avaient deviné depuis longtemps que quelque chose n'allait pas, sa mère en particulier la harcelait : elle lui faisait de véritables interrogatoires au cours desquels Maddalena restait aussi silencieuse qu'un membre de la Mafia devant les gendarmes. Pour éviter tout stress supplémentaire, la jeune femme vit sa mère moins souvent et seulement lorsqu'elle n'avait pas de traces de coups sur le corps.

C'est ainsi qu'arriva le cinquième anniversaire de Giulio. La fragilité qui le caractérisait les premières années avait finalement disparu et il entra à l'école maternelle. Ce changement dans la vie de Maddalena coïncida avec la décision de vraiment faire quelque chose pour améliorer son apparence physique. Elle alla chez un diététicien et suivit ses indications avec constance. C'était un gros effort, mais elle savait que sa révolte passait par là.

Elle avait déjà appris à réduire les violences de son mari, en lui disant qu'il fît ses affaires s'il le voulait mais qu'au moins il lui fichât la paix. Cette tactique fonctionnait. Les coups avaient diminué avec l'augmentation du manque d'implication que Maddalena n'avait plus la force ni la naïveté de regretter.

En cinq ans, ils avaient eu en tout une dizaine de rapports sexuels, souvent suivis du mépris d'Angelo. Il reprochait à son épouse de s'être forcé par devoir conjugal sans en avoir tiré aucun plaisir. Parfois, il l'accusait même d'être responsable de ses « pannes ».

– Comment veux-tu que je fasse, avec quelqu'un comme toi ? Tu es flasque, grosse comme une barrique. Un homme, au bout d'un moment, se décourage.

Elle non plus n'atteignait plus fût-ce l'antichambre de l'extase ressentie la nuit de noces. Cela avait entamé son désir et l'avait poussée à l'indifférence. Mais lorsqu'elle dit clairement à Angelo qu'il pouvait laisser courir et l'oublier sur ce point-là, elle obtint l'effet contraire. Comment ? Un mâle, un latin, ne pouvait pas avoir de rapports avec sa femme ?

La septième année de mariage fut marquée par une inversion de tendance qui n'améliora pas leur ménage. Le régime commençait à avoir des résultats. En trois mois, Maddalena avait perdu les dix premiers kilos et, si Angelo l'imputait au fait que son désir pour elle se ravivait, elle, elle savait qu'il était simplement vexé, qu'il avait besoin de réaffirmer sa virilité, ce qui ne l'intéressait absolument pas.

Dans les querelles amoureuses, le gagnant est celui qui fuit, mais désormais cela n'avait plus d'importance pour elle. Plus elle se refusait, plus il donnait l'impression d'être assoiffé de sexe. Il recommença à rentrer le soir à la maison et, bien qu'il la surprît seule, il lui faisait quand même des scènes. Elle n'acceptait plus de se donner sauf sous la menace et à chaque fois elle se sentait violée. Ainsi, six autres mois s'écoulèrent et Maddalena perdit les dix-sept kilos qui lui restaient à perdre. Elle retrouva ainsi la beauté de sa jeunesse, quand elle avait connu Angelo.

Les mauvais traitements se firent plus fréquents. Seulement, désormais, Maddalena n'était plus la jeune fille grosse qui aurait inutilement attendu son petit mari à la maison, c'était une femme et très belle qui plus est. Son apparence physique la conforta dans sa décision de se rebeller. Ce qui avait été cassé dans sa relation avec Angelo n'était plus réparable pour elle.

Un matin, une fois son mari parti travailler, elle fit ses bagages et alla chez ses parents. Elle se sentait prête à répondre aux questions insistantes de sa mère. Après avoir écouté les injustices subies par sa fille durant toutes ces années, cette dernière lui dit qu'elle pourrait rester chez eux avec l'enfant le temps qu'il faudrait.

La réaction d'Angelo fut conforme aux prévisions. Il harcela la maison de ses beaux-parents de coups de téléphone, puis il s'y rendit, prêt à faire un scandale. Mais lorsqu'il fut laissé derrière la porte sur laquelle était accrochée une lettre récapitulant par le menu les innombrables vexations qu'il avait infligées à sa femme, il se mit à pleurnicher en s'excusant.

– Je ne sais pas pourquoi je suis devenu comme ça après la naissance de Giulio. Je ne comprends pas ce qui m'est arrivé...

Maddalena et ses parents écoutaient derrière la porte d'entrée le repentir d'Angelo, bien décidés à ne pas se laisser embobiner une nouvelle fois. En cela, la jeune femme avait de la chance. Bien que catholiques, ses parents n'étaient pas disposés à condamner leur fille à une vie de tourment avec un homme ne la méritant pas.

À la fin, on entendit la voix de Maddalena qui, sans fléchir, disait :

– Rentre à la maison. Je ne veux plus te voir. Je suis déjà allée chez mon avocat pour le divorce.

Angelo se sentit tellement abattu qu'il s'exécuta comme un automate, et il rentra penaud dans sa maison vide. Mais une telle résignation n'allait pas durer longtemps.

Dès le lendemain débuta la persécution qui se poursuivit six mois avec des coups de téléphone, des rencontres arrachées devant l'école de Giulio, des scandales et des violences en public. Ce sont des événements malheureusement fréquents dans ce genre de situation, des épisodes qui se répètent de manière identique, indépendamment du caractère des personnes impliquées, presque comme les signes d'une appartenance à un même clan. Les gifles reçues par Maddalena à la sortie de l'école lui permirent de porter plainte pour atteinte à la personne. Appuyé par de nombreux témoignages, cet acte légal constitua la base du divorce. Une ordonnance fut alors émise qui imposait à Angelo de ne plus s'approcher de sa femme et de son fils jusqu'à l'audience fixée au tribunal de Palerme.

La colère couvait en lui, mais pas assez pour le pousser à défier la loi. Les carabiniers surveillaient la petite famille, au moins sur le papier, et ses excessifs moments de tristesse menèrent Angelo jusqu'à la prostration. Ses tentatives pour se rapprocher de Maddalena échouèrent et, c'est ce qui le dévorait le plus, il n'arrivait toujours pas à comprendre comment la situation avait basculé pour lui donner le rôle du mari abandonné alors qu'il avait rêvé des années durant de se libérer de cette prison.

Dans une douloureuse lettre, il demanda pardon et expliqua tout cela, il ajouta qu'il ne se battrait pas au moment du divorce et qu'il endosserait toute la responsabilité de ce qui s'était passé. Mais il n'était pas possible d'avoir confiance en lui et ni sa femme ni ses parents étaient disposés à le faire. S'il donnait l'impression d'être devenu un petit agneau, le loup aurait pu bondir tout d'un coup et frapper encore plus violemment que par le passé. Il n'y eut donc pas de réponse, pendant qu'on avançait lentement vers la date de l'audience. Mais le portable eut plus de succès que la poste. Avec une série de SMS bien pensés, Angelo s'ingénia à effriter la résistance de Maddalena, jusqu'à obtenir un rendez-vous avec elle et Giulio pour lui permettre d'embrasser son fils quelques minutes. Ce prétexte lui avait permis de percer le mur des « non » et lorsqu'elle accepta la rencontre dans un café de Palerme, elle se garda bien de le dire à ses parents.

Les fais divers sont pleins d'épisodes dramatiques de ce genre : des derniers adieux qui se révèlent être un guet-apens au plus grand dam des épouses qui avaient tant lutté pour s'affranchir des violences conjugales. Le mari feint de vouloir se racheter et en réalité il planifie la destruction de sa famille, lui compris. Ce danger existait vraiment. Si la mère de Maddalena avait su, elle aurait essayé par tous les moyens de les empêcher de se retrouver, ne fût-ce que pour une seule seconde. Mais Maddalena se sentait en sécurité, probablement que la flamme de son premier amour brûlait encore. Ils se rencontrèrent donc trois jours avant l'audience. Angelo embrassa son fils et bavarda un peu avec lui, après quoi il se consacra à elle.

Encore aujourd'hui les parents de Maddalena ne peuvent expliquer ce qui s'est produit. Maintenant que leur fille et son mari vivent à Udine, avec Giulio et Angelo junior, leur second fils né de leur réconciliation, personne ne comprend ce qui, ce soir-là, a pu faire changer Maddalena d'idée.

Angelo a obtenu un poste à la Mairie d'Udine grâce aux mêmes connaissances qui ont favorisé l'admission de la jeune femme dans un bureau voisin. La cause du divorce est étouffée et la plainte pour coups et blessures a été retirée en un temps record. Si Maddalena m'en parle deux ans plus tard, c'est parce que je suis étranger aux faits et à l'environnement dans lequel ils ont mûri.

– Il m'a ouvert son cœur, explique-t-elle. Il a confirmé ce que je soupçonnais. La bande des quadragénaires qu'il fréquentait avait l'habitude d'entretenir des relations tordues, des excès qui se transformaient souvent en véritables orgies. J'étais grosse et même un peu stupide. J'essayais de le contrôler alors que j'aurais plutôt dû le reconquérir. Et lorsque j'ai maigri, j'ai transformé ma victoire en mépris. J'étais trop jeune pour comprendre. Ce soir-là, Angelo m'a parlé avec sincérité, il m'a tout avoué, des choses que je ne dirais jamais à personne. Notre vie d'aujourd'hui est la preuve que ça a marché. S'il y a de l'amour, une femme surmonte tout pour son mari.

Les paroles de Maddalena raisonnaient encore dans ma tête lorsque je partis de chez elle. Pour une « victoire », combien d'échecs ?

# CÉCILE, CLAUDINE

Il est difficile de ne pas romancer une histoire déjà incroyablement romanesque. Celle de Cécile et de Claudine, une mère et sa fille, relève de la fiction, avec de nombreuses ambitions secrètes, des chantages, des pièges et des contre-mesures dignes d'un roman bourgeois empreint d'intrigues policières. C'est Cécile qui m'en a parlé, motivée par une raison restant encore obscure à mes yeux. La charmante satisfaction de prouver à un écrivain que la vie dépasse l'imagination l'a peut-être décidée lorsque nous nous sommes rencontrés à Paris à l'occasion d'une réception. À cause de ma première publication, cette femme d'une cinquantaine d'années m'a « séquestré » durant toute la soirée pour me raconter la seule fois de sa vie où elle a été frappée par un homme.

– La seule fois où je n'ai pas été consentante, précise-t-elle.

Cécile s'est confiée librement pour le plaisir de le faire, selon ses termes, en me révélant une intrigue gigantesque autour de l'épisode de violence qu'elle a subie. Je suis encore hésitant en repensant aux multiples volets de son aventure, c'est pourquoi je vais essayer de la résumer de la manière la moins emphatique possible.

L'histoire se déroule presque entièrement à Paris, mais elle commence à Marrakech. C'est là qu'un officier français, il y a bien longtemps, met une femme enceinte et n'en reconnaît pas le fils. Il essaye de faire en sorte que la femme ne manque de rien et, comme d'un commun accord, elle tait le nom du séducteur au petit Michel jusqu'à sa propre mort, advenue vingt-cinq ans plus tard.

Une Marocaine qui tombe enceinte sans avoir de mari, pas seulement en ce temps-là, pouvait être lapidée sans plus de manières. Une partie de l'aide du père réticent, déjà marié, consista donc à installer la mère et son fils le plus loin possible, à Paris.

Michel grandit en bonne santé, il s'appliqua à étudier jusqu'à l'école de commerce et à ne pas donner l'impression d'être malheureux, hormis à chacun de ses anniversaires.

Un jour, devant le gâteau avec une bougie en plus, il demande à sa mère un cadeau improbable : connaître son père. Ce dernier est mort, lui dit l'intéressée pour le faire patienter, il est seulement un nom, un individu qui les a abandonnés sans aucune pitié et ne mérite donc pas que l'on s'en souvienne.

En vérité, l'officier entre-temps devenu général s'occupe encore de son fils unique, son mariage légitime ne lui ayant pas donné d'autre enfant. Son union avec une Française de haut rang constitua une façade sociale utile à sa carrière dans les forces armées. Lorsqu'il n'y a pas suffisamment de guerres dans le monde, les liens familiaux avec la classe dominante ont encore plus de poids.

Le général suit l'évolution de son fils illégitime de loin, mais il refuse catégoriquement de le lui être présenté. Il craint de s'attacher à son rejeton et de ne plus pouvoir s'en détacher. La mère est donc libre de présenter selon son bon vouloir cet homme sous un jour défavorable, afin d'endiguer les requêtes incessantes de Michel à propos de l'identité paternelle.

Mais lorsqu'elle vient à mourir, une lettre déposée chez un notaire est remise au jeune homme désormais âgé de vingt-cinq ans, son passé le rattrape. Il découvre qui est son père, mais il n'éprouve aucune reconnaissance pour le soutien apporté toutes ces années à la petite famille cachée. Car ce qui le ronge c'est cette mise à l'écart, écrite noir sur blanc et scellée par le cachet notarial.

Sa condition d'enfant non désiré devient officiellement une réalité à partir du moment où le nom de son père lui est communiqué. Sa mélancolie latente se transforme en colère, sa tristesse exige une revanche. Ce jeune diplômé aux traits vaguement méridionaux est un très beau garçon : il est grand, athlétique et son regard exprime la détermination. Il a déjà découvert à la fac que son charme sur les femmes est une arme très puissante. Alors il décide de l'employer sans exclure aucun coup pour se dédommager.

Michel rencontre peu après Cécile à un gala donné par son mari, un entrepreneur de l'industrie du papier, pour célébrer ses vingt ans de succès d'entreprise au Centre des Expositions de la Villette. La dame ne comprend pas pourquoi ce beau brun vient à sa rencontre avec une coupe de champagne, mais ce geste la flatte et trouve un terrain propice dans la lassante routine matrimoniale qu'elle vit à ce moment-là.

La première approche se transforme en avances explicites, puis en séduction. Quelques mots, et les deux personnes finissent par avoir un bref rapport dans les toilettes des dames. J'avoue avoir un instant soupçonné, à ce moment-là de son récit, que mon interlocutrice me réservait le même sort, mais sans aucun doute seul mon orgueil de mâle me poussait à imaginer pouvoir faire l'objet d'une telle attention. Cécile était très concentrée sur le récit de son aventure que, à dire vrai, je commençais à trouver intéressante.

La semaine suivante, Michel entre au service de l'entrepreneur en tant que secrétaire en tout genre. Son ascension commence. Le fait qu'il soit orphelin stimule chez le chef d'entreprise un esprit vaguement paternel car il n'a pas eu de garçon... Le Bel-Ami de l'an 2000 se met en quatre afin de satisfaire les exigences de son bienfaiteur, et il se met en huit pour rester à la hauteur de sa bienfaitrice de maîtresse. Il est entre-temps également présenté à la fille du couple, Claudine, une splendide jeune fille de vingt-deux ans, et il commence à lui faire une cour pressante.

Cécile n'est pas stupide et elle s'en rend compte. Un temps, Michel réussit à la tranquilliser en lui consacrant plus de temps dans l'intimité. Il est devenu, en partie grâce à l'expérience acquise avec la dame, un amant sensationnel. Mais son amour pour sa fille est plus fort et dans les moments de sagesse Cécile décide d'user de sa propre influence sur son mari pour le faire renoncer à ses intentions et remettre le secrétaire à sa place.

– Michel, tu es quelqu'un de bien et tu es sympathique, lui confie un jour le chef d'entreprise, cependant tu ne peux aspirer à la main de ma fille. Tu risquerais de tout perdre.

Mais l'homme à tout faire a découvert les nombreux secrets de son employeur. Plus d'une année s'est écoulée et Michel en a vu et en a appris pas mal, en étant à son service. Il y fait allusion avec une certaine élégance en répondant que Claudine épousera l'heureux élu qu'elle aura choisi, sans aucune ingérence. En plus de l'évasion fiscale prévue, le secrétaire a assisté à toutes sortes d'indélicatesses adultérines de l'entrepreneur, y participant même. Des rencontres avec des clients importants en présence de femmes de petite vertu, quelques gentillesses décisives pour la conclusion de contrats suivis par Michel, toujours prêt à obéir lorsqu'il s'agissait des intérêts de l'entreprise, à des dames haut placées, ne sont pas des événements dont cet homme aimerait entendre parler en famille. Tout comme du fait que son subordonné l'a plusieurs fois conduit chez sa maîtresse attitrée. Le spectre du chantage, appuyé par des preuves consistantes comme des documents ou des enregistrements, apparaît au cours de la conversation avec suffisamment de détermination pour que l'on change de sujet.

Ainsi, Michel continue de courtiser Claudine et lorsque la séduction en arrive à sa conclusion, ses capacités d'amant lui suffisent à se sentir en sécurité face à l'aversion de ses futurs beaux-parents. Cécile lui parle clairement des problèmes de conscience qui lui imposeraient de refuser la main de sa fille à cet aventurier sorti de nulle part. Mais elle le fait à l'occasion d'une de leurs rencontres dans un hôtel.

– Regarde-toi, lui lance Michel, te crois-tu en position de nous faire la morale, à ta fille et à moi ?!

La dame se met en colère et lui flanque une gifle qui le rend furieux. Il la lui rend avec les intérêts, la projetant hors du lit avec violence et la bloquant sur le sol. La bagarre provoque chez Cécile une prise de conscience érotique. Elle aime subir la force du mâle. Michel le comprend et il renchérit.

– Je me marierai avec ta fille. Quand Claudine sera enceinte de mon enfant, tu seras mon esclave secrète et tu aimeras ça, promet-il à sa maîtresse.

Ce jour-là, Cécile rentre chez elle toute meurtrie mais envahie par une excitation qui ne l'abandonne pas. Elle se passe des crèmes et du fond de teint sur les ecchymoses, même si ce n'est pas nécessaire, son entrepreneur de mari ne la regarde plus depuis longtemps. Elle pense que les mains qu'elle vient de quitter toucheront dans quelques heures le corps de sa fille et elle se découvre avec horreur partagée entre l'indignation et la jalousie.

Les mois filent ainsi. Le mari a cédé à l'obstination du parvenu et le fait qu'il soit ou non un chasseur de dot ne le préoccupe plus « s'il plaît à Claudine », dit-il à Cécile tout en affectant une certaine indifférence.

À cette idée, le sang de la dame se met à bouillir, mais elle ne peut se passer de Michel. Elle doute des véritables raisons qui la poussent à tenter de se rebeller. Elle ignore si, lorsqu'elle essaye de s'opposer à la relation de son amant avec sa fille, elle le fait par sentiment de justice, par jalousie ou simplement pour titiller la veine sadique qui est en lui.

Michel joue le jeu et en profite. Dès qu'elle dit un mot de trop, Cécile reçoit une claque puis est violentée avec des discours toujours plus horribles chuchotés à son oreille. C'est un jeu de massacre, une perversion sexuelle dont la dame devient dépendante. Elle se trouve immonde, indigne, se compare à une mère maquerelle qui concède sa fille à son amant pour le garder. Elle rêvait depuis des années de rencontrer quelqu'un qui provoquât en elle ces sensations. Elle rentre à chaque fois chez elle démolie et, comme une droguée prisonnière du vice, elle se promet encore qu'elle arrêtera, qu'elle mettra fin à tout ça. Mais, au bout de deux heures à peine, elle aspire déjà à une nouvelle rencontre. Elle le voit arriver à la maison pour emmener Claudine dîner et elle blêmit sans réagir. C'est une torture qui semble ne pas avoir de fin.

Comme pour tous les drogués, il faut toucher le fond un jour pour pouvoir penser remonter à la surface ou sortir du tunnel. Que l'impulsion vienne de l'extérieur ou de soi importe peu. C'est lorsqu'ils se sont enfin résignés au mariage, après deux ans de fiançailles officielles, et que le futur beau-père entrepreneur décide de présenter l'heureux prétendant à la famille, que quelque chose d'inexplicable se produit.

Michel, en vertu des faveurs dont il a bénéficié auprès de Claudine, a aussi fait son chemin dans l'entreprise. De secrétaire particulier officieux, il est en passe de conquérir la fonction d'associé minoritaire. La promotion doit se concrétiser avec les noces, le moment est donc venu de faire connaître le jeune homme au frère du chef de famille et à sa femme. Le général blêmit dès qu'il voit Michel, il a un malaise. Une semaine s'écoule avant que le haut officier des forces armées n'informe son frère de son impossibilité d'assister au mariage.

Personne n'arrive à en saisir le motif, mais tout le monde, y compris Claudine, sent qu'il y a quelque chose d'étrange là-dessous. Le père de la future mariée parle avec son frère et en est très perturbé. Il reconsidère la possibilité de tout annuler et il le dit au fiancé de sa fille sans en préciser la raison. Michel perd patience et menace de sérieuses rétorsions, avec une telle véhémence qu'il effraie sa fiancée.

Comment Claudine avait-elle pu croire pendant tout ce temps en un aventurier sans scrupules qui faisait chanter son père et torturait sa mère ? Je n'ai pas manqué de demander des éclaircissements à la dame au cours de notre conversation sur ce mystère.

– Je pourrais expliquer cela par la fameuse superficialité des jeunes, m'a-t-elle répondu, avec des données statistiques prouvant que le premier mariage est le plus souvent le fruit d'une erreur et que l'on ajuste son tir avec le second. Je pourrais même m'aventurer à dire que ma fille était peut-être aussi jalouse de moi que moi d'elle et que dans le jeu de la compétition Électre/Clytemnestre, seul Michel a gagné. C'était certainement un démon avec un plan en tête, et notre destruction l'intéressait plus que sa réussite. Son arrivisme n'aurait pas été assouvi tant que l'héritage de ma fille, y compris celui de son oncle général, ne fût entré en sa possession.

– L'oncle général ? Et pourquoi ?

– Il n'avait pas d'enfants. Et à ce moment-là il avait dû comprendre de qui il s'agissait.

Le général était le père de Michel, il en connaissait le nom depuis la lettre notariale laissée par sa mère à sa mort. Cécile ne pouvait pas le savoir, le soir où elle s'attarda dans les toilettes des dames de l'Espace des Expositions de la Villette. Son mari était aussi à mille lieues d'imaginer que son secrétaire était en réalité son neveu naturel. Enfin Claudine n'aurait jamais soupçonné s'être fiancée avec son cousin germain. Voici la dimension romanesque dont je parlais dans l'incipit.

Le général révéle la vérité à son frère, provoquant chez lui une véritable crise. Il veut tout annuler, mais Michel est au courant pour sa maîtresse, il connaît les différentes combines fiscales et il a déjà, dans le passé, suggéré l'idée d'un chantage afin de ne pas être évincé en tant que prétendant. Il faut donc affronter la situation avec délicatesse et surtout, la famille doit rester plus unie que jamais. L'homme d'affaires se le répète, mais il n'a pas le courage d'engager la conversation avec sa femme. Il s'était auparavant entêté afin qu'elle donne son accord pour le mariage et maintenant qu'elle semble convaincue, il lui faut tout démonter. Devoir lui révéler que son frère est le père naturel de Michel est déjà un problème, alors s'imaginer en train de lui avouer avoir une maîtresse ! L'affaire est compliquée.

L'homme est fragile, même s'il adopte un comportement dominateur. Il met plus d'un mois à se résoudre à parler à son épouse et, lorsqu'il se décide, Cécile comprend enfin. C'est le fond qu'elle attendait de toucher. Elle se rend compte que Michel n'est pas le garçon fatal venu de nulle part la choisir au milieu de la foule dans un gala pour la rendre folle et perverse. C'est quelqu'un qui l'a visée dans le cadre d'un projet plus vaste dans lequel elle est un pion. Il cherchait à atteindre le beau-frère général, la revanche devait passer sur le corps de Claudine et sur le sien, il n'y avait ni amour ni passion dans tout cela, seulement du calcul et une cruelle résolution.

Elle est restée aveugle pendant trop longtemps et sa cécité a menacé de ruiner toute sa famille, tout en compromettant le bonheur de sa Claudine. Elle « aimait » se trouver abjecte, elle n'aime pas se trouver idiote. Là commence la révolte. Ce que son mari n'a pas eu le courage de faire, Cécile le fait. À brûle-pourpoint. Elle lui déclare un soir avant de se coucher :

– J'ai un amant. C'est Michel.

Leurs entrailles se retournent dans l'échange qui suit. Il avoue à son tour, chacun tombe dans le piège de demander des détails, chacun nie avant de céder. Le mal est profond, sans aucun heurt physique. Le petit matin les trouve tous les deux martyrisés par cette expérience. Broyés jusqu'au moindre petit os de leur corps, tous leurs muscles laminés, ils se sentent pourtant soutenus par une force nouvelle : ils sont redevenus un couple.

Ils décident de faire en sorte que le bâtard plaque Claudine sans qu'elle apprenne les faiblesses de sa mère, les intempérances de son père, la cruauté de celui qui a été son fiancé pendant deux ans. Comment faire ? Ils se mettent d'accord. Le mari retournera au travail, Cécile s'occupera d'autres choses. L'entrepreneur verra Michel comme tous les jours. Cécile aussi, à leur traditionnel rendez-vous fixe à l'hôtel.

Le chef d'entreprise réussit à rester en apparence normal, en faisant avec son futur ex-nouvel associé comme si rien n'avait changé. Cécile aussi y arrive. Ils contre-attaqueront, mais auparavant ils doivent bien planifier les manœuvres, en ne négligeant aucun piège. C'est le projet qui les unit ce soir-là, après que le candidat au statut de gendre soit passé prendre Claudine pour aller au cinéma.

– Nous devons être prêts à tout, avertit Cécile, Michel jouera toutes ses cartes et il n'est pas dit que nous réussirons à garder notre fille à l'abri de notre boue.

– Ça voudra dire qu'elle grandit, lui répond son mari. Elle apprendra à mieux choisir l'homme avec qui elle vivra.

Ils reconnaissent tous les deux l'ironie de ces paroles. Dans ce sens, ils ne représentent certainement pas un exemple de perspicacité. Une autre nuit de reproches, de condamnations et de pardons se prépare. Ils font même l'amour. Au matin, cette fois, tout est clair dans leur tête.

– Aujourd'hui, c'est moi qui l'appelle, confirme Cécile en disant au revoir à son mari sur le pas de la porte.

Lorsqu'elle accueille Michel chez elle plutôt qu'à l'hôtel habituel, le jeune homme est perplexe. Alors il la provoque :

– Tu veux déjà commencer notre cohabitation, belle-maman ?

Cécile donne le coup d'envoi à leur plan. Elle offre une somme énorme pour qu'il laisse Claudine et qu'il s'en aille. Son mari est d'accord, explique-t-elle, c'est lui qui met l'argent sur la table. Elle dit qu'ils ont clarifié les choses et qu'il n'y a plus matière à chantage, ils savent maintenant tout l'un de l'autre. Il n'y a plus d'amants secrets. Au sujet des malversations fiscales, elle précise que, même s'il en produisait les preuves, Michel serait accusé de complicité ; mieux vaut donc pour lui ne pas faire ressortir l'affaire. Qu'il accepte ses indemnités et qu'il disparaisse.

L'offre, bien que généreuse, reste dérisoire par rapport à ce qu'il est sur le point de s'approprier, fait-il remarquer : des parts dans la société du chef de famille, le patrimoine de l'oncle de la future légitime épouse. Ils doivent jouer tous les deux cartes sur table. Elle sait que le général est son père, fait-elle valoir, et c'est la meilleure raison pour le flanquer dehors, loin de sa famille. Qu'il se mette bien ça dans le crâne. Il raconte comment il l'a découvert, il parle de la lettre de sa mère chez le notaire.

– Je suis en train de prendre ce qui me revient, avec les intérêts, lui dit-il. Tu trouverais juste que ta fille ait aussi ma part, sous prétexte que mon père n'a pas eu le courage de me reconnaître ?

C'est une question d'héritage, de revanche, une guerre sans pitié pour le pouvoir.

– Michel, répond Cécile épuisée, accepte cette montagne d'argent et tire-toi. Tu nous as déjà fait assez de mal comme ça.

– Je n'en ferai jamais assez. Tout ça m'appartient déjà. À moins que tu ne veuilles que je raconte à Claudine ce que nous faisons toi et moi, dans le détail ? À moins que tu ne veuilles que Claudine voie les photos que j'ai prises de son père pendant qu'il baise sa maîtresse ?

– Et tu crois qu'après ça elle t'épousera ?!

La question le déstabilise, le heurte, met hors de lui Michel. Il lui assène un direct sur la bouche qui la fait tomber, inconsciente, derrière le divan. C'est la seule fois, véritablement, où Cécile a été frappée, la seule pour laquelle elle ne fut pas « consentante » selon ses propres termes. À ce moment-là entrent le mari, les domestiques et deux fonctionnaires de police amis de la famille, convoqués pour intervenir justement dans le cas où ce qui vient de se passer se produirait.

Michel hurle pendant qu'on le fait sortir menotté de la maison. Il est accusé d'agression, d'atteintes à la personne et de chantage avec tentative d'extorsion. Il ne bénéficie d'aucun soutien. Le père de Claudine a obtenu de son frère qu'il n'aide pas son fils naturel si la justice s'en mêle. Il n'a pu refuser : sa nièce a des ennuis à cause de lui, de son erreur de jeunesse et de son manque de responsabilité.

Michel est maintenu en cellule d'isolement les dix premiers jours. Son avocat lui dit que c'est déjà beau s'il obtient les circonstances atténuantes. Un commissaire et un inspecteur de police l'ont vu frapper une femme chez elle pour obtenir de l'argent. Ils l'ont entendu la faire chanter. Ils déposeront contre lui et ils seront crus. Michel se laisse conseiller sur la marche à suivre et il est condamné à huit ans de réclusion. Il n'imaginait pas, le naïf, que son avocat était payé par lui, mais aussi par la famille de Claudine. Doubles honoraires, double jeu.

Pendant le procès, Claudine a fait le tour du monde. Sa mère lui a suggéré cette année sabbatique pour lui éviter d'autres désagréments et l'aider à retrouver l'envie de vivre. Apprendre que Michel était son cousin naturel et qu'il visait l'héritage en l'épousant a été dur, mais ce fut plus dur encore de découvrir qu'avant de lui faire la cour, son fiancé avait été l'amant de Cécile et qu'il la faisait chanter pour cela.

Si un jour le bâtard décidait, par dépit, de lui infliger une autre épreuve, Claudine ne daignerait même pas lui accorder un regard. Pour le moment, il est en prison et il y restera jusqu'à la fin complète de sa peine. Il lui reste encore quatre ans. Après quoi, son père a déjà prévu pour lui un départ pour la Polynésie française, pour l'aider à se refaire une vie. Il devra accepter, sous peine de rester jusqu'à la fin de ses jours un ex-taulard.

– La bourgeoisie a certaines ressources, conclut la dame en me fixant avec ironie. Elle est capable de survivre à ses propres erreurs. Au moment venu, elle sait réunir ses troupes et entreprendre les batailles nécessaires pour conserver ses privilèges. Et celui qui s'imagine pouvoir la battre avec ses propres armes doit se rappeler que la bourgeoisie a coupé la tête de Louis XVI et de sa femme. Ce sont les nobles qui sont devenus des bourgeois, et non le contraire.

Une telle morale me paraît bien approximative, un peu trop hautaine. Si tout ce que Cécile m'a raconté est vrai, elle et sa famille s'en sont plus que bien sortis, mais il ne m'appartient pas d'en tirer un enseignement qui dépasse les objectifs de mon enquête. Des femmes battues qui se révoltent : pour moi, Cécile entre dans cette catégorie. La belle et ingénue Claudine, que je n'ai pas rencontrée, a goûté à la tromperie et à la déception sans subir aucune violence manifeste, mais sa mère a été victime de véritables sévices. Jusqu'à quel point elle a été consentante importe peu.

# LEÏLA

La burqa a été employée de nombreuses façons. Le film *Kandahar* nous en a montré certaines. Pour des questions plus ethniques que religieuses, ce tchador rallongé, une coiffe de tissu avec un filet très fin ouvert sur le devant pour permettre à qui la porte de voir sans qu'il y ait le moindre risque que ses traits soient reconnus, est un instrument encore utilisé chez les Afghanes, les Pakistanaises, parfois chez les Iraniennes.

Leïla est arrivée à Milan en provenance d'un de ces pays. Elle n'a pas voulu préciser lequel, comme s'il s'agissait de se cacher derrière une burqa géographique après avoir ôté la vraie. Clandestine parmi les clandestins, presque tenue en laisse par un mari qui conservait des traditions de son peuple les aspects les plus avantageux pour l'homme, elle a trouvé refuge avec ses deux petites filles dans un sous-sol désaffecté qui était loué à des immigrés pour cinq dollars la journée.

Il restait à cette famille en fuite assez d'argent pour tenir deux mois dans ce taudis, après quoi il lui faudrait penser à une autre solution. Son mari était certain que, grâce à un travail, il réussirait rapidement à trouver un meilleur logement, et c'est ce à quoi il se consacra immédiatement en faisant la queue dans les principaux chantiers dont on parlait entre clandestins. Il fut engagé dans l'un d'eux. C'était un travail de maçon éreintant dont la paye était réduite de moitié par les médiateurs qui s'imposaient dans l'attribution des postes. Le salaire de la semaine suffisait à nourrir la famille et à payer le *loyer*, mais il ne représenterait jamais un tremplin vers une vie moins misérable, Mourad le comprit vite.

La deuxième semaine, il vit un de ses collègues tomber de l'échafaudage et se tuer. Cette tragédie les contraignit, lui et les autres, à quitter le chantier en toute hâte pour être remplacés par des ouvriers en règle avant que les forces de l'ordre n'y missent leur nez. Mourad réalisa alors que non seulement sa vie ne s'améliorerait pas, mais qu'elle pourrait même brusquement s'interrompre, en laissant sa famille dans un sous-sol sordide.

Il en parla l'après-midi même avec un Albanais, exilé comme lui, et il fut très impressionné par le point de vue de son compagnon. En s'expliquant par gestes et avec quelques mots d'anglais, l'homme lui dépeignit le destin malheureux qui les attendait tous s'ils ne se décidaient pas à sauter le fossé et à entreprendre quelque chose de plus fructueux. Un de ses cousins avait été bien plus malin, il s'activait depuis pas mal de temps dans le domaine de l'initiation à la prostitution et il en tirait des avantages grâce auxquels il avait même put l'aider dans les premiers temps.

– Il s'est acheté une voiture et il habite une villa de nabab, déclara-t-il.

Mais il fallait du cran. Il s'agissait d'un authentique esclavage. Ils faisaient venir des filles de leur propre pays en leur promettant un travail, puis ils les obligeaient à faire le trottoir en les privant de leur passeport et de liberté. L'Albanais avait donc laissé cette activité à son cousin et était resté sur les chantiers. Mais des jours comme ceux-là, lorsqu'il se sentait découragé, il était tenté de prendre le chemin de la facilité.

Mourad rentra très perturbé au sous-sol. Il parla de l'accident à Leïla et cela suffit à le mettre de mauvaise humeur. Mais ce n'était pas tout. Il ruminait en lui les paroles de l'Albanais. La prostitution était une pratique condamnée par la religion et pourtant, dans sa tribu, il avait eu affaire avec des gens qui en savaient quelque chose. À trente-deux ans, il n'était jamais allé avec une femme pour de l'argent. Leïla était très belle et dévouée, un homme aussi chanceux que lui ne devrait jamais y recourir.

Combien d'hommes malheureux, dans cet univers occidental, seraient au contraire disposés à dépenser un argent fou pour profiter pendant quelques heures de sa chance ? L'idée que sa femme et que ses filles représentaient un capital possible l'effleura et le fit frissonner. Cette idée était répugnante, injuste, tout comme ce qu'il avait vu ce jour-là sur le chantier : un homme sans nom destiné à être enterré anonymement dans un pays qui ne voulait pas de lui. Il y repensa le lendemain, en faisant la queue à un autre chantier pour obtenir un nouveau travail. Il ne commença à en parler à Leïla que six mois plus tard, lorsque la recherche permanente pour se sortir, lui et sa famille, de cette cave ne donnait décidément aucun résultat. Il la lança comme une simple considération gratuite, dite comme ça.

Elle s'était à peine plainte de cette vie-là, elle donnait l'impression de ne pas comprendre ses efforts et elle avait exprimé l'intention de trouver un moyen pour contribuer à l'amélioration de leur situation.

– Qu'est-ce que tu voudrais, aller travailler ? Et entre-temps qui garderait les petites ? De toute façon, à nous deux, on ne gagnerait pas assez quand même.

La conversation qui en avait découlé vexa à tel point Leïla qu'elle se tut pendant toute une semaine. Elle n'avait pas envie de lui adresser la parole. Que son mari eût pensé un seul instant à la possibilité de la vendre, c'était le pire qui lui fût arrivée. Pourtant, elle en avait vécu des choses fâcheuses, en vingt-six ans : la guerre, la misère de sa tribu, la fuite, l'exil dans cette cave.

Mourad, ces derniers mois, avait changé. Sa musculature s'était développée sous le soleil des chantiers et son cœur s'était endurci, comme s'il était recouvert d'une couche protectrice empêchant les sentiments des autres de l'atteindre et maintenant les siens prisonniers. Ni lui ni elle n'auraient dû rester dans ce taudis. L'abrutissement allait les éloigner tous les deux sans possible retour en arrière.

Une exilée comme elle, rencontrée par hasard au marché du quartier, dit à Leïla qu'on était en train d'installer des familles de clandestins dans un centre social abandonné, pas très loin, jusqu'à ce qu'il n'y eût plus de places. Ce soir-là, elle le répéta à son mari, l'encourageant à s'y intéresser. Le lendemain, il rentra tout excité, prit avec lui le mobilier indispensable et demanda à Leïla d'emmener les filles avec elle.

Il s'agissait d'une vieille usine, une série de hangars abandonnés où plusieurs groupes d'immigrés avaient trouvé refuge, moins à l'étroit que d'habitude. Mourad s'était accaparé un espace où il pouvait même disposer de trois lieux séparés. L'un d'eux servirait de cuisine et de salon, des termes exagérés mais que l'on pouvait employer par rapport au galetas précédent. Le deuxième ferait office de petite chambre pour les filles et le troisième, séparé par une porte métallique, de chambre conjugale. L'aspect le plus important c'était qu'il n'y aurait aucun loyer à payer.

Leïla décora l'endroit avec le charme dont seules les femmes sont capables, en utilisant tout ce qu'elle avait pu amener de leur pays d'origine. Le drap de soie reçu en dot fut accroché au mur derrière la tête du lit, le damas de son trousseau redonna un peu de dignité au pauvre matelas posé sur quatre palettes. Elle avait l'impression d'avoir enfin une maison. Elle découvrit vite que ce n'était pas le cas.

Deux jours plus tard, son mari fut impliqué dans une rixe avec une bande d'Albanais qui avaient l'intention d'occuper cet endroit pour y installer leurs trafics. Il se battit comme un lion. Il n'était pas facile d'avoir raison de son physique de culturiste forgé sur les échafaudages, mais les coups de barres de fer finirent par le faire plier et il échappa à la mort seulement grâce à l'intervention d'un groupe de Marocains, réfugiés dans un hangar voisin, qui avaient travaillé avec lui sur les chantiers.

Il mit un mois à guérir de ses coups, et lorsqu'il s'en sortit il n'était plus le même homme. La couche protectrice sur son cœur était devenue de la glace. Leïla avait pris soin de lui en se privant pour nourrir sa famille sans son aide. Elle était allée faire des ménages dans un immeuble à deux pâtés de maisons de là, sans le lui dire, laissant ses filles à une famille qui partageait le hangar avec eux, et pour cela elle avait dû enlever sa burqa.

Mourad se rendait compte que sa femme sortait tous les jours, mais il ne lui demandait rien. Il était plongé dans une indifférence apathique qui l'extrayait du monde. Dès qu'il fut capable de marcher, il se leva et il la vit une fois remettre sa burqa avant de rentrer. Alors seulement il sembla revenir au monde, mais comme possédé par une âme mauvaise. Il l'emmena dans un coin de l'usine et la couvrit de coups de poing. Comment osait-elle se permettre ? Elle ne lui avait pas adressé la parole pendant une semaine après qu'il lui eût avoué un péché et voilà qu'elle allait offrir son visage à tous les hommes alentour ? Alors c'était comme ça ? Très bien.

Il la conduisit de force dans la « chambre conjugale » et il lui ordonna d'attendre. Assommée par la dureté avec laquelle son mari l'avait frappée, Leïla ne comprenait plus rien. Elle avait les lèvres et les yeux tuméfiés, mais à travers sa coiffe on ne pouvait voir que le sang. Elle gémissait, étourdie, elle voulait dormir, s'évanouir, disparaître.

Mourad la laissa sans soin et il se rendit auprès du groupe d'amis marocains dans le hangar voisin. Il proposa à ceux qui n'étaient pas mariés, et qui avaient un travail, de coucher avec sa femme pour cent euros. Unique condition : personne ne devrait soulever sa burqa pour regarder son visage. Que cette interdiction était attrayante !

Ils négocièrent, comme c'est la tradition dans l'Atlas, et ils se mirent finalement d'accord sur quatre-vingt euros pour le temps nécessaire à un usage pas trop prolongé du corps de Leïla. C'était un bon prix, même pour des malheureux, étant donné l'exclusivité d'un corps inconnu au visage inconnu, dont on pouvait tout imaginer et ne rien voir. Mourad regagna son coin de hangar en même temps que la file des postulants. Il entra dans la chambre et il lança à sa femme :

– Maintenant, écoute-moi bien : des hommes vont coucher avec toi. Fais attention de n'irriter aucun d'eux, sinon je te donne une autre raclée et je dis aux mécontents de se défouler sur tes filles.

La menace la glaça bien plus que les coups de poing. Cet homme ne respectait même pas ses propres enfants !

– Ce sont aussi les tiennes, trouva-t-elle la force de répondre.

– Ça reste à vérifier.

Le premier fut un Maghrébin de quarante ans, tellement excité qu'il ne se rendit même pas compte que la femme s'était presque évanouie. Le deuxième avait vingt-cinq ans et il lui fit mal. Le troisième... continuer cette énumération n'a aucun sens. Elle-même ne s'en souvient pas. Le brouillard vint à son secours et elle perdit complètement connaissance.

Lorsqu'elle se réveilla le matin suivant, Mourad était là avec les petites.

– Repose-toi encore, lui dit-il, tu en as besoin.

Il confia les enfants à la famille d'à côté et il s'en alla. Il rentra au début de l'après-midi. Il portait des gâteaux et un large sourire illuminait son visage.

– Nous avons une maison !, s'exclama-t-il.

Leïla n'arrivait pas à tenir debout. Il s'assit à côté d'elle et il essaya de la consoler. Il lui dit que l'argent gagné le soir précédent lui avait permis de trouver un appartement à louer, un vrai, et qu'ils allaient désormais pouvoir remonter la pente. Il lui demanda pardon pour la brutalité avec laquelle il avait mis tout cela en place, mais il lui assura que c'était la seule voie à suivre. À partir de ce jour-là, il choisirait les clients pour elle, il ne la confierait plus à des brutes et il ne la laisserait plus manquer de rien.

– J'attendrai que tu sois capable de marcher. Puis nous irons ensemble à l'appartement. Tu verras, c'est une merveille. Il est meublé comme il se doit, tout sera parfait. Et je ne te frapperai plus.

Mourad n'osa pas soulever la burqa pour voir les blessures qu'il lui avait infligées. Il resta à côté d'elle et la caressa longtemps, jusqu'à ce que Leïla, malheureuse, se rendormît.

Comme il le lui expliqua le lendemain, ils n'auraient pas pu rester bien longtemps dans cet endroit. Les Albanais qui l'avaient malmené un mois auparavant voulaient ce coin du hangar pour y mettre au « travail » trois de leurs filles. Il avait médité sur ce point après avoir été battu à coups de barres de fer. Trois prostituées albanaises transformeraient leur habitation en bordel. Il s'était battu pour éviter cela, pour défendre l'environnement des petites.

– Quand je t'ai vue dehors sans burqa, je n'y ai plus rien compris. C'est un monde dur, si tu n'es pas une bête, tu le deviens.

Désormais, il fallait quitter les lieux. Si les Albanais apprenaient son arrangement de la veille au soir, il y aurait encore des coups, cette fois peut-être de couteau. Mourad lava le corps de Leïla. Il lui enleva la burqa et désinfecta ses lèvres, il lui nettoya le sang coagulé.

– Tu redeviendras plus belle qu'avant, lui murmura-t-il.

Il passa ses bras autour de ses épaules et l'aida à se lever. Il l'habilla. Puis, après avoir rassemblé les filles, il l'emmena avec lui.

C'était un appartement décemment meublé de soixante mètres carrés, dans la banlieue de Milan. Les petites en faisaient le tour comme si elles étaient arrivées sur une base spatiale. Leïla eut une semaine complète de repos, pendant laquelle Mourad s'occupa de tout.

Durant ces sept jours, Leïla repensa à tout cela. Mourad avait eu l'idée de la faire se prostituer le jour où le maçon clandestin était mort sur le chantier. Il y avait juste pensé, comme il le lui avait avoué plus tard. Les difficultés et les privations, arrivées à leur comble avec la raclée des Albanais, avaient contribué à la rendre plus concrète. La surprendre sans burqa avait servi de prétexte à mettre en œuvre un projet qui n'avait, à l'évidence, pas quitté son esprit pendant tout ce temps.

Certes, dans leur pays d'origine, montrer son visage était tabou pour une femme. Mais Mourad ne lui avait pas demandé un seul instant la raison, presque comme s'il l'espérait. Elle était allée courber l'échine sur les sols et dans les escaliers des autres pour les aider, lui et sa famille et, en échange, elle en avait reçu la torture la plus cruelle, la plus abominable preuve de mépris. Cet homme-là ne méritait même pas l'effort d'une explication. Ce serait user sa salive pour rien.

Il ne l'aimait pas, il ne l'avait jamais aimée. Voilà la vérité que Leïla devait regarder en face. Et il n'aimait pas ses filles, il les avait utilisées comme des marchandises pour son chantage. Et pourtant, avant, il était si doux... il semblait l'être encore maintenant... La vie l'avait endurci, comme les difficultés et les coups de barres de fer, mais ce qu'il lui avait fait subir était odieux, à l'instar de l'avenir qu'il lui réservait. Un mari doit s'occuper de sa femme, la protéger, non la vendre pour louer un appartement.

Plus les heures, les jours passaient, et plus les réflexions de Leïla allaient bon train, toujours les mêmes comme c'est souvent le cas lorsque la fièvre est très forte. À la fin de la semaine, elle les avait tellement ressassées qu'elle ne les trouvait même plus vides de sens ni privées de leur sens premier. « On s'endurcit ainsi, pensa-t-elle, c'est ce qui a dû arriver à Mourad. »

Elle ne restait pas seule avec ses pensées, son mari aussi lui parlait de temps en temps. Alors qu'il avait été capable d'employer tant de violence, il faisait maintenant preuve d'une douceur suspecte, d'une corrosive délicatesse qui entamait sa volonté. Comment résister à des raisonnements semblant avoir pour unique objectif le bien de la famille ? « Les filles étudieront dans les meilleures écoles » : cette promesse résonnait dans l'esprit de la jeune femme avec un sens opposé, celui de la première menace à l'égard des petites, leur faire subir le sort de leur mère à sa place. C'était tellement horrible, tellement inacceptable qu'elle brûlait encore comme une flamme vive. En conséquence, toute velléité de révolte fut à jamais écartée.

– Nous obtiendrons rapidement notre titre de séjour, continuait son mari, je sais déjà à qui il faut graisser la patte. Tu devras juste te fier à moi. Je ferai en sorte que le travail soit sûr, protégé, je choisirai personnellement les clients et tu n'auras jamais à te découvrir le visage. Personne ne le verra jamais et personne ne saura jamais à qui appartient le corps qui nous sortira de la misère. Ton corps aussi sera couvert par la tunique, seul le ventre sera découvert, et pas plus que nécessaire.

Ce qui la perturbait le plus, c'est qu'il ne se rendait pas compte de l'absurdité de ce qu'il disait. Ses paroles comportaient un double sens. L'importance accordée à la burqa révélait surtout l'obsession de Mourad, et pourtant il réussissait à faire passer la chose comme s'il s'agissait d'une forme de protection. En peu de temps, il s'était transformé en un parfait proxénète. Dans le milieu, ne les appelle-t-on pas « protecteurs » ?

Du jargon, il avait su apprendre l'essentiel, y plongeant pour la forme mais devenant un véritable professionnel. Le double sens contenu dans ces paroles dépassait de beaucoup ce que Leïla imaginait. Avec le temps, elle découvrirait à quel point, dans le projet de Mourad, la burqa revêtait une fonction promotionnelle.

Lorsque le premier client arriva, elle ne pouvait pas encore le soupçonner. La chambre était dans la pénombre, une pénombre étudiée dans le détail par Mourad. Leïla avait été obligée de confectionner elle-même l'ouverture dans sa tunique. Elle avait accompli chaque geste, elle avait coupé et cousu le cœur envahi d'une sombre résignation, alors que ses filles jouaient autour d'elle. Maintenant elles étaient dans la pièce à côté.

Ce fut horrible, pire que la première fois, parce qu'elle n'avait pas les coups et l'étourdissement pour l'aider. Plutôt que de la pousser à réagir, cette expérience la démolit moralement, favorisant ainsi sa soumission. Elle se sentit sale, vidée de toute énergie, et elle se plia passivement à l'incursion du second client. C'était fini pour ce jour-là. Elle dormit recroquevillée sur elle-même et elle rêva qu'elle retournait dans le ventre de sa mère. Elle l'avait laissée au pays dans une baraque rudimentaire, mais elle allait certainement mieux qu'elle.

On s'habitue à tout, c'est ce qu'on dit à propos des camps de concentration, de l'esclavage, des privations. À un certain moment, il suffit d'une petite amélioration pour que le soleil semble revenir dans la vallée de désolation dans laquelle on s'est résigné à vivre. Une gentille caresse prodiguée par le cinquième client, une question posée comme à une vraie personne, suffirent à lui faire penser que le monde, là, dehors, existait encore et que lutter pour y vivre avait un sens.

– Comment t'appeles-tu ? Je sais que je ne devrais pas te le demander...

Elle n'avait pas répondu, mais elle trouva ce timide intérêt très doux. Il venait d'un quadragénaire élégant qui la traita avec une grande délicatesse. Elle ne répondit pas, mais elle aurait voulu le faire et cela lui suffit pour sentir qu'un jour elle aurait la force de se révolter. La douceur étudiée de son mari, après les coups, l'avait affaiblie ; la gentillesse d'un autre homme la libèrerait peut-être.

Après deux douzaines de clients, Leïla réussit confusément à définir la « stratégie marketing » de Mourad. Elle était la *femme mystérieuse*, une très belle fille au visage dissimulé en totalité, une légende dont on ne pouvait que deviner le corps, une mère ancestrale permettant d'obtenir du plaisir sans effleurer son âme. La maîtresse idéale, lointaine et inconnue, même si ni Mourad ni Leïla n'auraient su exprimer cette symbolique avec autant de finesse.

Le mari comptait sur l'attraction de ce mystère pour faire d'une pierre, deux coups. Il n'allait pas à l'encontre des traditions de son peuple et de son obsession personnelle, en vertu de laquelle la femme doit rester invisible aux yeux des hommes. Dans le même temps, il appuyait sur la touche morbide de ce qui reste occulte.

En quelques mois, *l'amante en burqa* était sur toutes les lèvres des experts les plus fins en matière de prostitution. Les cotes des prestations furent sept fois plus élevées. Les affaires allaient à merveille et il fallait revoir les choses en grand. La petite famille déménagea dans une villa confortable de l'hinterland. Le permis de séjour était arrivé dans les temps, il n'y avait aucun problème pour obtenir ce que l'on payait comptant. La renommée secrète de Leïla était telle que ses clients se seraient déplacés n'importe où. Ils avaient des meubles neufs, tout l'électroménager et même une Polonaise à leur service. La compétition entre les différentes ethnies réservait des surprises de ce genre.

Naturellement, Mourad ne renonçait pas à ses prérogatives conjugales. Il se mettait même en colère si Leïla manifestait un compréhensible dégoût à ce sujet. C'étaient les seuls moments où son mari dérogeait à son habituelle conduite empreinte de douceur pour se laisser aller aux mauvais traitements. « Tu te refuses à ton mari après avoir été avec tous ceux-là ?! » était la phrase qui précédait les gifles. Même s'il la marquait, son « uniforme de travail » garantissait que l'activité familiale ne s'en ressentît pas.

La burqa était une invention géniale, témoin de l'antique sagesse des anciens. Mourad n'avait cependant pas envie d'abîmer sa machine à sous. En général, il la traitait avec beaucoup d'égards, comme une favorite dans un harem. Il la couvrait de cadeaux et il faisait trimer la bonne nuit et jour pour que Leïla n'eût pas à bouger le petit doigt à la maison.

Après une année vécue ainsi, il prit une gouvernante islamique pour ses filles. Les clients appartenaient de plus en plus au grand monde, le goût pour l'exotisme attirait même des entrepreneurs qui n'avaient jamais voulu avoir à faire avec la prostitution. La rumeur se répandait, ce qui était une bonne chose pour les affaires mais représentait un risque pour le tranquille déroulement de l'activité.

Le danger que les Albanais fissent irruption de nuit dans l'appartement pour un règlement de comptes était donc réel. Le déménagement dans la petite villa dont il n'avait informé que les personnes les plus intéressantes, c'est-à-dire les plus haut placées, offrait une plus grande marge de sécurité. À toutes fins utiles,

Mourad enrôla même deux gardes du corps à mi-temps, dénichés parmi de nouveaux clandestins à peine débarqués de son pays.

C'était une petite entreprise fondée sur une unique source de rendement. L'augmentation des prix en favorisait encore la prospérité, mais il faudrait bientôt penser à d'autres ressources qui exploiteraient le même stratagème. Mourad hésitait, non pas à cause de la difficulté à trouver une nouvelle recrue, mais à cause de l'inévitable diminution de la dimension mystérieuse. Deux femmes énigmatiques suscitent moins l'intérêt qu'une seule. L'attrait pourrait en être réduit de moitié, pour ne pas dire divisé par trois. Il songeait à une idée publicitaire plus adaptée à son objectif : *la trinité du plaisir secret*. Un peu blasphématoire, mais le mariage sexe et religion avait toujours exercé son charme. Il s'agissait néanmoins de ne pas outrepasser ses possibilités.

Mourad voyait maintenant sa femme comme une source de rentabilité, il ne restait plus rien en lui du respect conjugal passé. Afin de pouvoir la vendre sans devenir fou (en admettant qu'il ne le fût pas déjà), l'habitude de considérer Leïla autrement que pour ce qu'elle était réellement avait asséché sa sensibilité. Leïla l'avait compris. D'autre part, chez elle aussi s'était formée une certaine aridité, une habitude de l'adversité qui la détachait du passé comme de l'avenir et l'engluait dans ce présent obtus. Elle lisait de temps en temps dans le regard de Mourad la menace du début, celle qui promettait de faire subir cette déchéance sur ses filles si elle ne se prêtait pas avec suffisamment d'abnégation, et cela lui interdisant tout coup de tête.

Seul le quadragénaire qui, quelques temps auparavant lui avait demandé son nom, réussissait lorsqu'il se présentait dans sa chambre à la ramener à ce qu'elle était autrefois. Il s'appelait Paolo et il travaillait dans un gros cabinet juridique à Genève, lui avait-il dit sans oser lui demander quoi que ce fût d'autre. Mourad l'ignorait, mais l'avocat suisse allait chez *l'amante en burqa* seulement pour parler. Après la première expérience dans l'appartement milanais, il n'avait plus ne serait-ce qu'effleuré le corps de Leïla, tout en laissant croire le contraire.

Il était seul à parler. Il exprimait ce qu'il ressentait de se retrouver devant elle. Il parlait de lui, de son mariage qui avait déjà fait naufrage sans lui donner d'enfants. Après la septième visite, au moment de sortir de la chambre, il fut enfin rattrapé par la voix de la femme mystérieuse :

– Leïla.

Il se retourna, incrédule, et la voix derrière l'étoffe de la burqa précisa :

– C'est mon prénom. Leïla.

Il sortit de là le cœur en émoi et l'âme enflammée.

Dès lors, Paolo tenta de multiplier ses visites. Mais ils étaient si nombreux à réserver qu'on aurait parfois pu croire qu'il s'agissait d'une liste d'attente d'hôpital. C'était le résultat d'une bonne publicité, comparable au syndrome du « c'est complet ». Plus un produit est demandé et inaccessible, plus les gens le voudront.

La fois suivante où l'avocat fut admis dans sa chambre, Leïla éclata en sanglots derrière la burqa. Il n'arrivait pas à lui faire dire la raison pour laquelle elle pleurait. Il était facile de l'imaginer, vu la situation, mais il voulait lui offrir la possibilité de s'épancher. Il lui caressa la tête jusqu'à ce que les sanglots diminuent, après quoi Leïla lui reprocha la longue attente qu'il lui avait imposée.

– Tu ne sais pas ce que cela veut dire pour moi de te voir, hoqueta-t-elle.

– Je le sais au contraire, répondit Paolo. Probablement que, pour moi, cela veut dire la même chose.

Ils s'expliquèrent. Ils parlèrent beaucoup, surtout Leïla, et ils dépassèrent largement le temps dont ils disposaient. Avant de partir, l'avocat lui fit cadeau d'une phrase qui avait la saveur d'une promesse :

– Je ne t'abandonnerai pas, aie confiance.

Cette promesse lui donna la force de tenir un mois supplémentaire dans cet enfer. Le silence dont par essence dépendait ses relations avec son mari lui permit d'en garder le souvenir sans devoir dissimuler l'émotion qui la faisait vibrer au fond d'elle à chaque fois qu'elle y pensait. Pour le reste, c'était la sordide routine de l'esclavage.

Paolo se mit sur la liste d'attente en payant le double du prix convenu, éveillant ainsi en Mourad une vague suspicion, et étudia la situation de l'extérieur pour trouver une faille susceptible de débloquer cette impasse sans mettre en danger la sécurité de la belle mystérieuse. Il se renseigna, depuis son observatoire légal, et il se rendit compte qu'il ne trouverait rien d'adapté dans la légalité.

Un mois s'écoula avant qu'il ne pût se retrouver en présence de Leïla, trente jours durant lesquels il avait peaufiné son plan dans les moindres détails.

– Tiens-toi prête, lui dit-il, dans peu de temps, tu seras libre.

– Et mes filles ?

– Elles aussi.

– Et Mourad ? Qu'est-ce qu'il deviendra ?

– Cela t'importe réellement ?

– Que deviendra-t-il, répéta Leïla, il finira en prison ?

– Seule une plainte de ta part pourrait le faire arrêter. Non, ne crains rien, je ne te le demanderai pas.

Il l'entendit soupirer derrière sa burqa.

– Mais il pourrait lui arriver pire encore. Comment le prendrais-tu ?

Il y eut un autre long soupir.

– Il me suffit que mes filles soient sauves. Il pourrait faire avec elles ce qu'il a fait avec moi, dès qu'elles en auront atteint l'âge.

– Je le pense aussi. Tu as confiance en moi ?

Leïla lui donna la plus convaincante des réponses. Avec des mouvements lents, elle ôta sa coiffe et libéra un visage merveilleux, légèrement sombre, avec une délicate cicatrice qui lui barrait le sourcil gauche. Paolo se retint de pleurer. L'émotion était très forte, le moment indiciblement magique. Il la remercia à genoux, il lui déclara son amour et résista à l'envie de l'embrasser, il la convainquit donc de se recouvrir le visage, afin que Mourad ne se rendît compte de rien.

Il sortit et discuta avec son mari pendant un bon quart d'heure, durant lequel il vit rentrer le client suivant. Il dissimula la douleur à l'estomac provoquée par la conscience tangible qu'il avait de laisser la femme aimée dans cette prison. L'homme avec lequel il parlait l'y avait jetée avec cruauté, il ne méritait aucune compassion. La conversation portait sur un nouveau client qui avait demandé à Paolo de pouvoir rencontrer la belle en burqa.

– Je ne sais pas, nous en avons déjà tellement, expliqua Mourad. Je devrais refuser quelqu'un d'autre.

– C'est une personnalité de très haut rang, répliqua l'avocat. Il n'y a aucun problème pour le tarif. Si vous pensez que ça vaut le coup, j'organiserai un rendez-vous entre vous et vous vous arrangerez de façon satisfaisante.

Rongé par l'avidité, Mourad ne parvint pas à décliner l'offre bien que quelque chose au fond de lui l'y poussât, une sorte de pressentiment, un soupçon, peut-être une impression de fatalité. Ils fixèrent la rencontre deux jours plus tard, à quelques kilomètres de la villa.

– Deux de mes amis viendront avec moi, prévint le mari de Leïla, frappé *in extremis* par l'instinct de conservation.

– Comme vous voulez, déclara l'avocat. Mais faites-les rester dans la voiture. La personne n'aime pas être reconnue.

Il s'agissait des deux gardes du corps à mi-temps. Ils étaient grands et gros et ils n'excellaient pas par leur intelligence. Lorsqu'ils arrivèrent au rendez-vous, ils ne voulurent pas rester dans la voiture, ils moururent donc eux aussi. La bande des Albanais fendit la tête de Mourad à coups de battes de base-ball et les deux autres finirent criblés de coups. Ils les brûlèrent dans la voiture, pour qu'il fût difficile de les identifier.

C'est l'avocat qui me donne tous ces détails. Leïla, restée presque tout le temps assise à côté de lui sur la vaste terrasse de leur maison de Genève, se trouve à ce moment-là un peu plus loin avec ses petites filles. Après son mariage avec Paolo, une fois la dépouille de son mari identifiée grâce au numéro d'immatriculation de la carrosserie, elles ont toutes les trois été accueillies en Suisse.

– Je suis allé les chercher le jour même, sur l'heure, explique Paolo. Que la rencontre entre Mourad et les voyous albanais dont Leïla m'avait parlé eût trouvé une issue favorable ou non, ma décision n'aurait pas changé. Elle ne serait pas restée une heure de plus dans cette maison. Puisque tout s'était passé ainsi, plus rien ne nous empêchait de nous marier. Après tant d'injustice, le sort lui a offert une chance convenable.

La révolte de Leïla ne s'est pas faite directement, elle n'avait ni la force ni les moyens de se soustraire au joug de son mari. Elle a eu le courage d'aimer, ça oui. Elle a su saisir la main qu'on lui tendait et faire son choix au milieu de ce va-et-vient d'hommes à la recherche d'une ivresse particulière. Paolo a fait le travail pour elle, mais elle a su pleurer en sa présence et se libérer du masque de tissu qui l'emprisonnait et de son utilisation obscène, contraire à celle prévue par la tradition. La question n'est pas de savoir si elle s'est révoltée toute seule ou non de l'oppression de son infâme mari. Si seulement beaucoup de ses sœurs d'infortune pouvaient accepter l'aide d'autrui. Vaincre la loi du silence et de la honte représente pour elles un grand acte de rébellion en soi.

Leïla revient sur la terrasse. J'essaye de l'imaginer avec sa burqa, en vain. Elle est trop belle. C'est une femme d'une trentaine d'années avec de longs cheveux noirs, la peau mate et un regard très profond. Il y a dans ses yeux une marque de douleur qui ne disparaîtra peut-être jamais, même si elle semble sereine. Les petites filles la rejoignent et se placent autour d'elle. Elles sont adorables et elles donnent l'impression de ne rien savoir de ce qui est arrivé à leur mère. Elles se souviennent peut-être du sinistre sous-sol de Milan et des caresses de leur malheureux père, mais la Suisse et sa verdure en ont déjà atténué la tristesse. Les jeunes gens ont cela de beau.

# ANNA

La petite Anna a grandi à Turin, ex-capitale de l'Italie du Risorgimento où ses parents se sont installés quelques années plus tôt, à peine mariés, pour fuir la misère de leur Sicile natale. Son père travaillait chez Fiat et sa mère dans une biscuiterie. Ses trois frères aînés trouvèrent une place à leur tour dans la grande entreprise d'automobiles alors qu'Anna, la seule à avoir étudié jusqu'au bac, fut, grâce à son diplôme obtenu à l'École normale, nommée dans une école maternelle.

Anna aimait beaucoup les enfants, elle en connaissait la fragilité, elle respectait leur candeur. Elle aimait jouer avec eux, les voir accomplir leurs premiers pas dans le monde, anticiper les futures déconvenues d'écoliers. Elle se revoyait petite, incapable de parler un italien correct, immergée dans le dialecte familial qui était une langue à part entière, différente des enfants de son âge, isolée.

L'école maternelle avait été l'expérience la plus brutale de son contact avec le Nord. Il y avait d'autres enfants étrangers comme elle, les seuls à lui adresser la parole. En sicilien, mais aussi en calabrais, en dialecte des Pouilles, en napolitain. Elle n'était pas obligée de faire des efforts pour les comprendre, s'ils essayaient de leur côté de la comprendre elle. Babel est un monde riche, si les personnes de toutes origines essayent de se parler.

Il n'y a pas meilleur enseignant que celui qui a une raison profonde d'enseigner. S'il ne s'agissait pas à proprement parler pour Anna d'une mission, on pouvait néanmoins la définir comme une vocation. À présent, les petits de l'école maternelle ne se distinguaient plus par leur région d'origine, mais par leurs pays. Des pays dont il était difficile de prononcer le nom, des langues d'ethnies lointaines dont l'idiome commun, l'italien, devenait l'unique bouée de sauvetage. La petite Sicilienne qui accueillait les enfants sur le seuil de l'école maternelle vivait de cette conscience. Elle comprenait tout au fond d'elle la valeur sociale de son travail, elle s'en nourrissait bien plus que de son salaire. La deuxième année de sa carrière, si on lui avait demandé de continuer en tant que bénévole, elle n'aurait pas refusé.

Dotée d'un tel état d'esprit, Anna sortit un matin de l'école un parapluie à la main pour aller chercher deux enfants qui descendaient d'une berline sombre et les protéger de la pluie. Le chauffeur, un Albanais aux cheveux foncés comme sa voiture et deux fois plus grand qu'elle, fut très impressionné par cette attention. Il lui sourit au moment où la jeune femme se retourna sur le pas de la porte pour le saluer.

C'était ce qui la caractérisait. La petite Sicilienne était toute dévouée aux étrangers, elle ne se sentait elle-même qu'au milieu d'eux. Et qu'est-ce qui caractérisait Kledi, le beau chauffeur du couple d'avocats qui envoyait ses enfants à l'école d'Anna ? Lui, il était voué aux femmes. Il ne se sentait lui-même qu'au milieu d'elles.

Le beau brin de fille sicilienne venue à sa rencontre pour prendre les enfants sous la pluie avait touché sa corde sensible. Ce n'était pas grave si elle lui arrivait difficilement à la poitrine, il avait un faible pour toutes les femmes. Anna était gracieuse et ne faisait pas peur. Une grande douceur émanait d'elle et son visage exprimait la disponibilité, qualités très attirantes pour un homme avec son histoire.

Arrivé en Italie sur un canot pneumatique avec d'autres malheureux, Kledi avait eu la chance de tomber sur le jeune couple d'avocats et de les impressionner par son physique et son extraordinaire maîtrise de l'italien. Son large sourire et l'immédiate sympathie qu'il attirait lui valurent un permis de séjour semestriel renouvelable : il se vit confier la voiture de la famille, enfants compris.

Seulement deux semaines après l'épisode du parapluie, le jeune homme obtint un rendez-vous avec Anna. Deux autres semaines s'écoulèrent et le tabou du sexe fut vaincu. La barrière de la virginité, sauvegardée comme un précieux joyau dans l'éducation de la Sicilienne, tomba avec délice dans le petit appartement occupé par l'Albanais dans l'immeuble de ses employeurs. La petite maîtresse d'école tomba amoureuse, quand Kledi en revanche pensait déjà à d'autres conquêtes.

Le beau garçon se tapa la tête contre les murs lorsque la jeune femme lui annonça être enceinte. Cette maudite habitude de ne pas utiliser de préservatifs menaçait de lui coûter cher. En l'espace d'un mois, pourtant, il changea d'avis. L'événement avait des côtés positifs, parmi lesquels tout d'abord la possibilité d'épouser Anna donc d'acquérir grâce à elle la citoyenneté italienne.

La famille de l'institutrice avait des soupçons sur l'Albanais, mais le spectre du déshonneur et les garanties d'honnêteté fournies par le couple d'avocats qui le rétribuait contribuèrent à rendre acceptable le mariage. Ce fut une cérémonie sans grandes prétentions, en présence de tous les parents de la mariée mais aucun du marié, un immigré en règle dont les origines n'avaient jamais été précisées.

Lorsque le petit naquit, la famille d'Anna avala une autre couleuvre, le prénom de l'enfant. Eumir ne faisait pas partie des saints prévus par le calendrier sicilien et le beau-père en particulier ne comprenait pas pourquoi il devait capituler. La douceur de sa fille le conduisit à des points de vue plus raisonnables. L'apposition de Calogero comme second prénom fit le reste. Il y aurait au moins un souvenir du grand-père maternel.

En somme, tout le monde semblait heureux, sauf Anna atteinte par une forte dépression post-natale. Elle ne pourrait pas se rendre rapidement à son travail, puisqu'elle devait s'occuper du petit, et c'est ce qui semblait à l'origine de sa dépression nerveuse. En réalité, il se passait autre chose dans sa psyché.

Contrainte de rester à la maison, son attention se porta sur son mari et sur ses absences au point de développer en elle une véritable obsession. Il était chauffeur, il partait le matin pour accompagner les enfants de ses employeurs, qui se trouvaient à côté du petit appartement où ils habitaient désormais tous les trois, et il rentrait le soir tard. Où passait-il toute la journée ? Pour une femme habituée à être toujours très occupée, rester à la maison auprès d'un bébé le plus souvent endormi relevait de la torture. Son cerveau ne réussissait pas à trouver de repos. Que Kledi ne lui raconte pas qu'il était de service toute la journée ! Anna connaissait son faible pour les femmes.

Le bébé était un amour, mais le mal d'Anna ne lui permettait pas d'en profiter. Elle se sentait prisonnière dans ce trou, meublé avec tout ce qu'il fallait, mais étouffant. Elle n'arrivait pas à ne pas penser à son mari, à ce qu'il pouvait bien être en train de faire à moment-là. Elle se mit à l'appeler toujours plus souvent, tout d'abord en employant comme excuses les indispensables commissions (couches, crèmes adoucissantes pour le bébé, sel à acheter), puis par la suite sans aucun prétexte plausible.

Après que furent épuisés les expédients du type « faire exprès d'oublier d'acheter quelque chose pour pouvoir lui demander de le faire *in extremis* », l'impudence remplaça la prudence, faisant d'elle une femme opprimante.

– Où es-tu ?

Une hésitation dans sa voix, ou une réponse vaguement évasive déchaînait chez Anna une jalousie incontrôlée.

– Je suis en voiture, avait décidé de répondre invariablement Kledi, après les premières disputes.

– Où ça, en voiture ?

La petite femme ne lâchait pas prise, elle le submergeait de questions, elle le tourmentait avec ses soupçons.

– Je sais que tu es en voiture, mais où ? Avec qui ?

Kledi finit par vouloir garder son portable éteint, mais son patron et sa femme avaient besoin de lui. Les transactions financières dont s'occupait leur cabinet impliquaient souvent leur présence de l'autre côté de la frontière, c'est-à-dire en Suisse, et il devait être prêt à n'importe quel moment de la journée.

– Oui, mais aujourd'hui elle est rentrée, je l'ai entendue, protestait Anna. Et lui est arrivé un peu plus tard. Donc toi, où étais-tu ?

Kledi n'était pas un saint en matière de femmes, il ne l'avait pas caché au début, et s'il avait plus récemment essayé de ne pas le laisser transparaître, c'était uniquement pour ne pas imposer à l'esprit déjà perturbé de son épouse des contrariétés qu'elle n'aurait pas supportées. Chacun est ce qu'il est. Pour lui, l'avoir épousée afin de donner un nom à son enfant avait été un effort dont Anna aurait dû se contenter, sans demander ce qu'il ne pouvait pas lui être accordé.

Certes, il en avait tiré des avantages (il pouvait désormais séjourner en Italie de façon permanente), mais il s'était comporté en homme d'honneur et sa femme aurait tout de même pu laisser un peu courir. Tant qu'il s'agissait d'incartades, il n'y avait pas de risque pour l'intégrité de la famille. S'il s'appliquait à les lui cacher, cela signifiait qu'il tenait à elle. Alors, pourquoi chercher à savoir la vérité de façon aussi étouffante ?

Il y avait des limites à tout. L'exaspération provoqua chez Kledi un net changement de comportement. Il ne cacherait plus rien. Il s'afficherait même jusqu'à ce qu'Anna, rompue par le traitement qu'il lui réservait, lui demanderait de se faire plus discret. Dès lors, il ne se passa plus une semaine sans que la jeune femme ne découvrît des traces de rouge à lèvres sur le col des chemises de son mari. Il lui arrivait même parfois de se coucher avec sur lui des relents de parfum féminin, d'autres fois encore il exhibait sur son cou des marques de suçon qui n'avaient rien d'équivoque.

Il répondait aux inévitables questions de manière vague ou avec des mensonges mal ficelés. La caissière du bar s'était penchée pour ramasser des pièces de monnaie qui étaient tombées et ils s'étaient heurtés. Il avait accompagné la femme de l'avocat chez le coiffeur et sa peau avait dû absorber le parfum de toutes les clientes. Un des fils du patron l'avait pincé au cou pendant qu'il conduisait.

Puis il se mit à ne plus raconter d'histoires. Il parla de cette fille rencontrée dans l'ascenseur pendant qu'il attendait que l'avocat sortît de sa réunion, de la stagiaire qui l'avait convoité au bureau au lieu de rédiger un rapport informatique, de la femme de ménage en mal d'aventures érotiques.

Le moment tant espéré où Anna lui demanderait de lui cacher tout cela n'arriva jamais. Eumir avait un an depuis quinze jours seulement lorsque sa mère fut admise en psychiatrie à l'hôpital voisin en proie à une profonde crise de dépression. Eumir avait été retrouvé à la maison livré à lui-même, tandis qu'elle était évanouie sur le lit, bourrée de somnifères. Kledi dut prendre soin du petit, l'emmenant avec lui presque tout le temps, lorsqu'il ne pouvait pas le confier à sa belle-mère.

Heureusement, ses employeurs étaient compréhensifs et ils regardaient avec bienveillance l'attitude de Kledi qui se comportait en père délicieux. C'était un plaisir de le voir promener ce petit bout souriant, dix fois plus petit que lui, qui grimpait sur ses jambes ou s'accrochait à son bras puissant. Lorsqu'il conduisait, il y avait toujours un siège-auto sur le fauteuil avant pour maintenir le petit attaché avec la ceinture de sécurité et des crochets, comme un alpiniste.

– Ce sera un grimpeur de sommets, plaisantait Kledi.

La famille d'avocats, et pas seulement leurs enfants, s'habitua presque à cette insolite compagnie, offrant même son aide aux moments les plus prenants, lorsque le travail de Kledi exigeait une présence moins singulière.

Entre-temps, Anna luttait avec elle-même afin de sortir du tunnel. Les psychotropes l'avaient calmée et l'éloignement d'avec son enfant l'avait envahie de nostalgie. Lorsque Kledi venait lui rendre visite avec Eumir, elle aurait voulu se cacher dans une des poches de son mari pour rentrer avec eux. Ils étaient beaux à voir, le père et son fils, et ils méritaient qu'elle fît les efforts nécessaires pour sortir de là.

Elle rentra chez elle au bout de trois semaines et elle reprit avec ardeur sa vie en main. Elle confia son fils à sa belle-sœur jusqu'à quatre heures de l'après-midi, de façon à pouvoir retourner travailler à l'école maternelle. La femme de son frère aîné avait un autre enfant et doubler sa charge de travail ne l'embêtait pas du tout. Se retrouver plongée dans ses responsabilités d'éducatrice, pour ensuite se consacrer le reste de la journée à son propre enfant l'aida beaucoup. Pendant une année, tout se passa bien. Kledi avait cessé de ramener à la maison des indices de ses aventures et elle s'efforçait de ne pas le harceler de questions comme avant.

Puis, lentement, la maladie s'insinua à nouveau dans sa tête. Une phrase lancée comme ça avant de dormir marqua le début de la dégringolade.

– Pourquoi n'emmènes-tu pas Eumir avec toi demain ?

– Comment pourquoi ? Ta belle-sœur le garde. Moi, je dois travailler.

– Quand j'étais à l'hôpital aussi, tu devais travailler, mais tu t'étais organisé pour y arriver. Qu'est-ce qui m'a guérie, à ton avis ? Te savoir avec Eumir toute la sainte journée me tranquillisait, étant donné le sale vice que tu te traînes.

– Avec Eumir j'étais bien, et je le suis encore, mais que tu me le refiles comme un paquet pour calmer tes angoisses ne me convient pas. C'est un enfant intelligent, tu crois qu'il ne les ressent pas ces choses-là ?

Au cours des mois qui suivirent, les différentes étapes de son malaise se répétèrent comme dans le scénario d'un film déjà vu. Seule différence, Kledi fit preuve de patience et évita de s'énerver. Il avait compris que la jalousie d'Anna n'avait rien de rationnel et il essaya de la tolérer, de ne lui accorder aucune importance pour ne pas lui donner prise.

Mais le caractère justement morbide de ce sentiment rendait vain tout effort. L'esprit d'Anna glissa doucement vers le fond qu'elle avait touché un an auparavant. Même son travail s'en ressentait. Elle n'était plus aussi attentive aux besoins des enfants qui lui étaient confiés, sa concentration se dispersait, elle s'effilochait chaque jour davantage. Elle s'absentait de sa salle de classe pour assaillir son mari de coups de téléphone, après quoi elle retournait perturbée auprès de ses élèves.

La directrice s'en rendit compte et eut un entretien avec elle, sans aucun résultat. Anna jurait que cela n'arriverait plus, mais le lendemain elle se rongeait encore les ongles le portable à la main. Les problèmes n'arrivent jamais seuls. Sur ces entrefaites, sa belle-sœur lui fit savoir qu'elle s'était trouvé un travail lucratif pour soulager sa famille. Elle ne pouvait donc plus garder Eumir, suffisamment grand pour aller à l'école.

Anna devait-elle rester à la maison avec Eumir ? Kledi ne pouvait-il pas recommencer à l'emmener avec lui, cette fois-ci avec une bonne raison ? Elle n'eut pas l'occasion de le lui demander, car l'école la suspendit pour conduite inacceptable. Ce fut l'événement qui acheva d'altérer son état psychologique et la renvoya d'urgence en psychiatrie. Désormais, Kledi recommencerait à prendre le petit avec lui.

Anna était hospitalisée depuis deux semaines lorsque son mari et son fils disparurent. On essaya de ne pas le lui faire savoir, elle allait un peu mieux grâce aux psychotropes, et ses parents craignaient que la nouvelle ne la bouleversât définitivement. Mais au bout d'un certain temps ils durent le lui dire, puisqu'elle s'était rétablie. Elle voulait embrasser sa famille, mais personne ne vint.

Le couple d'avocats était consterné.

– Un jour il n'est pas venu, et depuis nous ne l'avons plus vu, expliqua la dame.

– Mais vous n'avez pas entrepris des recherches ? Vous n'avez pas signalé la disparition à la police ?

– Nous ne sommes pas de sa famille. Nous en avons informé votre mère et votre père, nous ne pouvions pas faire davantage.

Les parents d'Anna expliquèrent qu'ils avaient fait un signalement et que les forces de l'ordre avaient diffusé un avis international, sans résultat. Il n'y a rien de pire que le vide. L'absence mine la personne la plus résistante, et Anna ne l'était absolument pas. Au bout de trois jours, elle fut admise en hôpital psychiatrique dans le service d'un professeur qui s'occupa de son cas avec attention. Les recommandations des anciens employeurs de son mari servirent au moins à cela. Elle y resta huit mois.

Lorsqu'elle en sortit, elle se sentait assez forte pour se consacrer personnellement aux recherches de son fils et de son époux. Elle en avait la force, mais pas les moyens. Durant tout ce temps, il n'y avait rien eu de nouveau, aucune trace des deux disparus. Même l'émission « Perdu de vue » s'y était intéressée grâce aux sollicitations des grands-parents d'Eumir, des gens très simples qui essayaient de se fier à ce qu'ils connaissaient.

Des appels à témoins furent lancés sur le petit écran, toute la moitié d'une émission fut consacrée au sujet et de nombreuses personnes téléphonèrent. Certaines disaient les avoir vus à la frontière du Brenner quelques mois auparavant ; d'autres, à la gare de Milan ; d'autres encore, au port de Bari. Toutes les pistes aboutirent à une impasse. Même si tout cela était vrai, trop de temps s'était écoulé. Il ne restait plus qu'à espérer dans les émigrés, les Italiens qui dans de nombreux pays d'Europe captaient l'émission par satellite. Eumir et Kledi étaient peut-être par chance dans l'un de ces pays...

Les appels à la télévision s'espacèrent jusqu'à cesser définitivement un an après sa sortie de la clinique psychiatrique. Le message SOS n'avait plus de sens, tôt ou tard tout le monde se fatigue de chercher quelqu'un qu'on ne connaît pas. Seuls les proches continuent à y penser, car leur douleur els empêche de trouver la paix.

Combien de fois Anna regretta sa folie ! La jalousie est un mal qui disparaît avec ce qui la motive. Elle ne s'en va pas parce qu'on en guérit, mais parce qu'elle est remplacée par un autre mal, par un désespoir plus fort qui annule toute autre douleur. Ce désespoir porte plusieurs noms le manque, le remords, le regret.

Au bout de deux ans, elle n'arrivait plus à se souvenir du visage de son fils ! Elle fixait et fixait encore les quelques photos qu'elle avait en se traitant de folle pour ne pas en avoir pris davantage. Certaines nuits, une brusque prise de conscience faisait qu'elle se sentait vraiment très mal. Elle revoyait ses fautes, ses erreurs. Elle avait concentré toute son attention sur un homme et en avait négligé son fils. Maintenant qu'aucun des deux n'était là, elle comprenait que le petit était ce qu'elle avait de plus important dans sa vie.

Il ne restait plus à Anna que le soutien d'une organisation d'aide sociale, un organisme à but non lucratif qui se chargeait de mettre en relation les immigrés de différentes ethnies et de les aider à s'intégrer dans la communauté. C'était un centre où passaient de nombreux étrangers, peut-être que quelqu'un reconnaîtrait un jour la photographie de Kledi et d'Eumir accrochée à l'accueil. Il valait mieux n'importe quelle information plutôt qu'aucune. N'importe quelle trace...

Dans ce bureau d'accueil, son attention fut un jour attirée par deux Maghrébins : un jeune homme assistait sa mère d'une cinquantaine d'années, comme Anna rêvait que son fils pût faire avec elle si elle le retrouvait et s'ils vivaient à nouveau ensemble. Il essayait de se faire comprendre par la personne qui s'occupait des nouveaux arrivants. Son ancienne vocation poussa Anna à se proposer comme interprète, en employant le peu de français qu'elle avait appris à l'école.

Ils venaient de Tunisie et ils virent en la petite Sicilienne, en quête d'un peu de sens dans sa vie, une bienfaitrice généreuse, spontanée et très gracieuse. Ils avaient tous les deux besoins de savoir à qui s'adresser et comment pour obtenir leur permis de séjour. Il était maçon mais il ne pouvait travailler si sa situation de résidant n'était pas auparavant régularisée.

Inversement, sans un travail en règle, il ne lui était pas possible d'obtenir un permis de séjour pour sa mère qui était veuve ainsi que pour lui-même. Anna proposa de les aider à se dépatouiller de ces paradoxes de la bureaucratie. Elle sortit du centre d'assistance sociale avec une force qu'elle n'avait pas ressentie depuis longtemps. Que lui arrivait-il ? C'était seulement que le désespoir se fatigue d'être toujours accroché à la même personne. Au bout d'un certain temps, l'envie de vivre se remet à courir dans les veines, le printemps a à nouveau un sens et la malchance refuse de se présenter toujours à la même adresse.

Anna n'oublierait jamais Eumir, elle continuerait à le chercher, mais pour cela elle devait rester en vie, efficace, en d'autres termes elle avait besoin d'apercevoir à nouveau l'horizon d'un lointain bonheur. Avec son air apeuré et ses quelques mots d'italien, Mustapha stimulait son instinct altruiste en la ramenant à ses émotions d'adolescente, lorsque tout était encore possible et qu'aucun déboire ne s'était encore abattu sur son existence.

Cet homme lui offrait la possibilité de porter à nouveau son attention sur ce qui l'entourait. Sa jalousie pour Kledi lui avait fait oublier le monde extérieur, il s'agissait d'un mouvement émotionnel d'autoprotection, une revendication de possessivité qui impliquait un égoïsme si fort qu'il ne lui permettait pas d'accorder de l'importance à l'existence de son fils, l'enfant qu'elle avait mis au monde !

Elle en était arrivée à cette prise de conscience pendant sa dernière et longue hospitalisation, sans avoir pourtant la possibilité d'agir autrement. Son obsession s'était déplacée de la jalousie à la dramatique et concrète disparition de sa famille. Elle avait été abandonnée par son mari et elle avait perdu son fils, ce qui enlevait toute énergie à n'importe quelle conscience psychanalytique développée en thérapie.

Ce jeune homme sans défense, ce Tunisien déterminé à s'en sortir qui errait dans les bureaux à la recherche d'une inaccessible compréhension du monde étranger dans lequel il avait émigré, l'obligeait à se concentrer sur autre chose qu'elle-même, que ses gros problèmes, et permettait à la conscience qu'elle avait acquise de refaire surface avec tout son sens. En d'autres termes elle tomba amoureuse, ou c'est ce qu'elle crut. Les facteurs qui contribuaient au changement inattendu de son état d'esprit étaient trop nombreux pour être identifiés rationnellement. Le fait de tomber amoureuse fournissait le petit coup de pouce d'irrationalité nécessaire pour résumer tout cela en un seul concept. Elle croyait au destin. Seul le destin pouvait s'opposer à ce qui l'avait moralement atteinte et avait affaibli sa force de caractère durant ces deux dernières années.

C'est ce qui lui donna aussi l'énergie nécessaire pour retrouver son poste à l'école maternelle. Et la revoilà en selle, admirée par ses collègues pour cet incroyable rétablissement après tant de mésaventures. Mais les parents et la famille d'Anna ne se faisaient pas tant d'illusions. La voir passer d'un immigré à un autre n'était pas sans les inquiéter. Et puis le second était de religion musulmane et il avait sa mère à charge.

Elle était faite ainsi et il n'était pas possible de la changer. Elle avait déjà trouvé un appartement plus confortable où elle s'installa avec son nouvel amour et sa belle-mère officieuse. Elle rentrait de son travail à quatre heures de l'après-midi et elle cuisinait de bons petits plats que son Mustapha n'appréciait pas toujours. La Sicile et la Tunisie s'étaient rencontrées et mêlées plusieurs fois à travers les siècles, il existait plusieurs points communs entre les deux cultures, mais ils n'étaient pas aussi nombreux qu'Anna s'évertuait à vouloir le prouver par ses attentions.

Mustapha semblait balancer entre amour et gratitude. Lorsque leur fils vint au monde, un an plus tard, il le reconnut et il voulut lui donner son nom malgré le fait qu'ils ne fussent pas mariés. Ils ne pouvaient d'ailleurs pas l'être, Anna avait encore un mari fantôme et un enfant perdus quelque part.

Aucun enfant n'en remplace un autre dans le cœur d'une mère, lorsque le placenta se déchire et que le cri du nouveau-né envahit la salle de travail le souvenir de l'être disparu se mêle à la douleur physique et ravive l'ancienne soufrance. Mais la petite créature à peine arrivée apaise petit à petit le vide lancinant laissé par l'autre enfant et, en demandant à être aimée et protégée, elle attire sur elle tout l'espoir contenu dans la poitrine de sa mère.

Le père de Mustapha était mort depuis quelques années et le nouveau-né devait se prénommer Mohamed et rien d'autre, cette fois il n'y aurait pas de conciliations. Imposer ce prénom était, pour Mustapha, un impératif auquel Anna se conforma avec amour, augmentant ainsi les désaccords déjà grands qu'elle avait avec sa famille.

La petite maîtresse d'école ne se montra pas toujours aussi déterminée en faveur de son compagnon. Bien qu'elle sût dès son plus jeune âge faire preuve de solidarité envers les personnes différentes, envers les étrangers, de profondes marques de son éducation sicilienne, radicalement catholique, survivaient en elle, et si elle avait si bien pu prendre position du côté de celui qu'elle aimait au moment de donner un prénom au petit, renoncer au baptême chrétien provoqua en elle une crise capable d'entamer leurs rapports de couple.

Pour Mustapha, non seulement l'appartenance de son fils à la religion musulmane ne se prêtait à aucune discussion, mais il était indispensable qu'elle se convertît au culte d'Allah si son union devait durer. C'était un élément de grande importance qui fit naître entre eux de fortes dissensions.

– C'est un honneur que je te fais de te demander de te faire musulmane. Une femme mariée qui met au monde l'enfant d'un autre homme mériterait, d'après ma religion, d'être lapidée.

Anna n'en croyait pas ses oreilles. Elle s'était donnée entièrement pour que Mustapha et sa mère Amina s'intègrent dans la difficile ville de Turin, et elle en était récompensée par une rigueur intégriste.

– Te rends-tu compte de ce que tu dis ? Comment veux-tu que j'accepte d'embrasser une religion qui voudrait me lapider juste parce que je t'ai aimé ?

– Réfléchis bien avant de parler. Ne dis pas de bêtises. Souviens-toi que, pour la loi du Prophète, un fils appartient à son père jusqu'à l'âge de six ans.

Une horrible menace apparaissait dans cette phrase. Anna avait déjà perdu un fils, l'idée que cela pût se répéter la faisait frémir de la tête aux pieds. Toute tremblante, à la limite de la crise d'hystérie, elle hurla :

– Ne touche pas à mon fils.

Les deux gifles qui lui arrivèrent à la figure n'avaient aucun but thérapeutique. Elle le comprit aux paroles qui les accompagnèrent :

– Femme, reste à ta place !

Il y avait dans ce « femme » un tel mépris qu'elle se sentit blessée au plus profond d'elle-même. Où était-elle tombée ? Était-ce possible qu'elle fût aussi aveugle encore une fois ? Elle s'en rendit compte jour après jour durant les trois années qui suivirent. L'hypocrisie de Mustapha, soutenue par l'intransigeance d'Amina qui ne perdait pas une occasion de faire remarquer les manquements de la mère de son petit-fils, augmenta de façon démesurée jusqu'à montrer une nouvelle image du Tunisien.

C'était un musulman rigoureux en paroles, mais il se saoulait dans la journée au lieu d'aller travailler et il rentrait à la maison avec des exigences sexuelles brutales et inacceptables. Anna travaillait dur à l'école jusqu'à quatre heures, puis elle rangeait la maison, où la mère de Mustapha ne bougeait pas le petit doigt, elle cuisinait donc aussi et s'occupait du petit pour voir finalement arriver un homme défait par l'alcool et l'oisiveté.

Si elle essayait de se rebeller, elle récoltait des gifles, avec l'approbation d'Amina, et elle était obligée de se farcir l'habituelle théorie des principes du Coran qui, malicieusement interprétés, la vouaient à une soumission inacceptable. La propriété sur son fils était toujours la dernière arme utilisée par son odieux compagnon, qui réussissait ainsi à clore la discussion tout en remportant une victoire. Il pesait alors de tout son corps, lourd et moite, sur celui d'Anna et prenait ce qu'il voulait sans se sentir obligé de manifester le moindre semblant d'amour. De toute façon, il n'en aurait pas été capable. Il avait le pouvoir et il ne s'inquiétait pas de savoir comment il l'exerçait. Anna était prise au piège, et cette fois elle ne se l'était pas construit dans sa tête, elle l'avait créé de ses propres mains, et dans le monde réel.

Elle fusionnait avec son nouvel enfant, avec le petit Mohamed qui la reconnaissait comme sa mère et la couvrait de tendresse. Derrière lui, il y avait encore le spectre d'Eumir, l'enfant disparu, c'est pourquoi le lien ne devait être rompu, à aucun prix, pour aucune raison. Elle aurait accepté l'intolérable pourvu qu'elle pût le garder avec elle. Cette fois, elle ne serait pas au-dessous de son amour de mère. Dans ce noyau familial, elle était en minorité mais elle ne se soustrairait pour rien au monde à ses responsabilités. Elle aurait pu s'en aller avec l'enfant, comme le lui avait un jour suggéré son père sicilien, mais la solution lui semblait remplie de difficultés, d'obstacles insurmontables. Mustapha aurait très mal réagi et elle ne savait pas si elle aurait eu la force de s'opposer à lui.

Il était plus facile de résister, nuit après nuit, de s'adapter, se taire, prendre quelques gifles et les offrir en sacrifice à son enfant. La situation était détestable, mais en créer une différente aurait demandé trop d'effort. Et puis, au fond d'elle, elle ne voulait pas provoquer chez Mustapha la même douleur que celle qui lui avait été infligée par Kledi. La disparition d'un enfant était une expérience horrible qu'elle n'aurait souhaitée à personne.

Alors qu'elle était absorbée par des pensées de ce genre-là, un matin à l'école, à un mois du troisième anniversaire de Mohamed, Anna fut frappée par un très grave pressentiment. Elle ressentit une très forte impression de danger lié à son enfant. Elle s'absenta un instant de sa classe pour téléphoner chez elle et n'obtint aucune réponse. Elle demanda à être remplacée et elle courut à l'appartement. Amina était occupée à boucler deux grosses valises. Mohamed courut à la rencontre de sa maman en riant. Il était habillé de pied en cap.

– Que se passe-t-il ? Où allez-vous ?

– Le permis de séjour provisoire n'a pas été renouvelé, expliqua la femme sur un ton arrogant, Mustapha n'a pas de travail, nous devons retourner en Tunisie. Il est allé récupérer de l'argent qu'on lui doit. Il sera bientôt là.

– Et vous seriez partis comme ça, sans rien me dire ?

– Tu n'aurais pas été d'accord, répondit Amina en posant son regard sur le petit.

– Ah non, je ne suis pas d'accord, non, cria Anna.

Elle se dirigea vers son fils pour le prendre et l'emmener. La femme lui fonça dessus.

– Tu ne peux pas le garder, toi. Il appartient à Mustapha.

Dans la bagarre, elles se disputèrent le petit corps. Elles le bousculaient comme deux possédées, et se poursuivaient dans l'appartement. Anna finit par se retrancher sur le balcon, en serrant Mohamed sur sa poitrine.

– Va-t-en, cria-elle. Descends les valises et emmène Mustapha avec toi. Mon fils reste avec moi.

L'autre femme n'avait aucune intention d'obéir. Elle attrapa l'enfant par une jambe et par un bras et essaya de l'arracher à sa mère. Anna était menue par rapport à elle, mais elle résista et réussit à le sortir de ses griffes. La brusque absence de prise de la part d'Amina déséquilibra l'institutrice qui se retrouva à cheval sur la balustrade avec Mohamed dans les bras.

– Maman... lui dit le petit garçon qui glissait entre ses mains.

Ils étaient au quatrième étage. Le réflexe d'Anna fut immédiat. Elle se jeta du balcon pour tenter désespérément de rattraper son fils. Peu lui importait de tomber, son corps servirait de bouclier au moment où il s'écraserait au sol, elle le sauverait. Pendant ces deux secondes, elle fut consciente de tout. Elle n'avait pas le temps d'hésiter. Peu importait sa vie, seule celle de Mohamed comptait. Mais le petit continua de tomber, et elle derrière lui.

Des fils à linge, malheureusement évités par le corps de Mohamed, déviètent celui de sa mère qui tomba sur une voiture en stationnement. Avant de perdre connaissance, elle vit le petit, inanimé, qui ensanglantait l'asphalte.

Les os fracturés d'Anna mirent plus de six mois à se ressouder. Pour Mohamed, il n'y eut rien à faire. Mustapha et Amina, une fois l'enquête bouclée, retournèrent en Tunisie. La maîtresse d'école resta en clinique psychiatrique une année de plus, dont les huit premiers mois dans un état catatonique. Avant de guérir, elle passa par le désespoir le plus noir, elle toucha le gris de l'autodestruction, le violet du sentiment de culpabilité, le pourpre de la colère et de la manie de la persécution, elle frôla le vert de l'espoir, l'évitant juste à temps pour ne pas être brûlée par le rouge feu de la déception. Lorsqu'elle sortit, elle n'avait qu'une seule idée en tête : retrouver Eumir.

J'ai fait sa connaissance deux ans plus tard, c'est le centre d'assistance sociale où elle avait rencontré Mustapha qui m'a adressé à elle. Elle vit avec ses parents maintenant âgés, elle a une expression vide, son attention se disperse facilement. Mais elle a aussi parfois dans les yeux quelque chose de ferme, d'inattaquable. Il ne s'agit pas de fixité catatonique, ni d'apathie. C'est facile à comprendre puisque cela se produit lorsqu'elle parle d'Eumir.

– Je le trouverai, mon enfant. Je le trouverai.

Avec une telle détermination, elle atteindra certainement son but. Elle a perdu deux enfants. Une autre femme, dans sa situation, aurait même pu en mourir. Mais pas elle. Il y a chez la petite Anna une force disproportionnée par rapport à son aspect. Une volonté gigantesque.

Elle s'est révoltée pour garder son fils avec elle et c'est ce qui l'a perdue. J'ai le vertige dès que j'essaye d'imaginer à travers quels méandres infernaux elle a dû passer pour pouvoir remonter à la surface. Le fait de penser à Eumir l'a sans aucun doute aidée. Elle a un fils encore en vie quelque part dans le monde. Un garçon qui la réclamera peut-être un jour. Même si le sort l'empêche de le retrouver, les souvenirs d'enfance d'Eumir le lui ramèneront. Personne ne pourra l'arrêter. Kledi ne pourra pas empêcher son fils, une fois majeur, de revenir sur ses pas à la recherche de sa propre mère.

# RAJA

Son appartement de Francfort est moderne, presque aseptisé. Raja l'a meublé et décoré avec des tapis et des étoffes de sa terre, l'Algérie, mais le style froid du bâtiment allemand est seulement un peu estompé.

– Nous devons faire vite, dit-elle, parce que Youssef pourrait rentrer d'un moment à l'autre. Il est absent depuis trois jours, mais on ne sait jamais ce qu'il prévoit de faire, celui-là.

Ses deux filles sont à l'école, c'est un matin gris. Bien qu'elle soit mince, la femme qui se trouve devant moi a une belle carrure. Ossature puissante, complexion robuste, cheveux blonds et yeux bleus, c'est une vraie Berbère. Elle et Youssef sont ensemble depuis dix ans. Raja l'a rencontré à une fête et elle l'a tout de suite courtisé avec la ténacité qui la caractérise.

– J'étais grosse à ce moment-là, dix-sept kilos en trop, minaude-t-elle. Lui était beau, ténébreux. Il regardait les femmes avec insistance sans s'arrêter sur aucune d'elles. Il venait comme moi d'Algérie, mais d'une autre région. Moi, je suis de Kabylie, nous sommes un peuple habitué à commander.

Sa famille a émigré en Allemagne alors qu'elle n'était pas encore née, évidemment ils ne commandaient pas tant que cela sur leur terre. Youssef, en revanche, est arrivé à Francfort quand il était petit, il avait deux ans, dernier enfant d'une famille très nombreuse.

– Je l'invite à une autre fête pour l'anniversaire d'une de mes amies, la semaine d'après. Il y vient et je réussis à l'entraîner dans une chambre que je ferme à clef. Je suis tombée enceinte dès la première fois, mais lui n'a rien voulu savoir.

Raja a quatre ans de plus que Youssef, mais ce détail ne l'a jamais tracassée. Ce garçon lui plaisait beaucoup et elle avoue avoir essayé de le coincer avec cette première grossesse. Mais il n'est pas tombé dans le panneau. Il lui a dit : « Si tu le mets au monde, tu ne me revois plus. » Elle a avorté la semaine suivante. Elle était folle de lui, elle le voulait à tout prix.

Ils ont continué à se voir, et leur intimité a repris deux jours après l'interruption de grossesse, il se moquait des prescriptions médicales. Raja s'en fichait tout autant. Elle avait posé ses yeux sur l'homme de sa vie et elle était prête à tout. Elle aimait se promener près de chez elle avec ce beau jeune homme à la peau ambrée et aux yeux ardents comme des braises.

C'est lui qui en avait honte. La Berbère avait un fort surpoids et son corps très charpenté ne l'aidait pas à paraître moins grosse. Youssef lui donnait rendez-vous loin de leur quartier, il l'emmenait en balade dans le centre-ville, dans des jardins éloignés, lui offrait à boire dans des bars peu fréquentés. Raja s'en rendait compte, ils se disputaient à ce sujet, et le jeune homme prit alors l'habitude de la maltraiter. Une ou deux gifles, quelques insultes, tout participait à forger son image de macho sans scrupules. Plus elle subissait et plus elle était amoureuse. C'était une relation obsessionnelle.

– Il avait d'autres femmes, raconte-t-elle. Bien qu'il ait eu son bac, il ne montrait pas une grande envie de travailler. D'après moi, certaines d'entre elles lui glissaient de l'argent dans la poche. Quand je faisais une allusion de ce genre, il se mettait en colère et les gifles pleuvaient.

On dirait presque qu'elle en parle avec nostalgie. C'est une femme qui a l'habitude de prendre en compte les disputes dans les relations amoureuses, elle en apprécie le côté passionnel.

– À vrai dire, je croyais une histoire qu'il m'avait racontée : uune riche héritière allemande était tombée amoureuse de lui et l'approvisionnait tous les jours, le gardant pour elle dans une mansarde du centre de Francfort. Mais elle l'avait quitté au bout d'un certain temps il ne savait pas très bien pourquoi, après l'avoir aidé à obtenir son diplôme. Quand on se disputait, mon insulte préférée c'était « gigolo » ! Une fois il m'a éclaté une lèvre d'un coup de poing. Ça ne m'a pas déplu, c'était la preuve qu'il m'aimait.

Encore cette fierté. Raja aime les hommes énergiques.

– Je savais que tout doucement il s'attacherait à moi. L'amour arrive à bout de toute forme de résistance. En toute modestie, au lit j'étais une bombe, j'étais à l'aise avec lui et je n'avais aucune retenue. Je faisais tout ce qu'il voulait et j'inventais même pas mal de petits jeux. Les hommes, c'est au lit qu'il faut les conquérir. On peut leur faire les yeux doux pendant quelques semaines, mais à la fin c'est ça qu'ils veulent. J'espérais que c'était ça qui l'intéressait lui aussi, qu'il ne pourrait plus renoncer à notre liberté sexuelle. Mais il me gardait toujours à distance, il ne voulait pas que nous rencontrions ses amis. Il me traitait comme une maîtresse clandestine et si je l'embêtais en protestant, et je protestais, il me donnait des baffes. Mais parfois je lui en donnais aussi.

– Ah oui ?

– Et comment ! Parfois, c'étaient de vraies bagarres. C'était très romantique. À force de nous tabasser et de faire l'amour, je suis à nouveau tombée enceinte. À ce moment-là, on s'entendait assez bien et il a accepté de se marier avec moi. Je ne pouvais pas imaginer ce qui avait changé en lui, pour céder aussi facilement, je ne l'ai compris que plus tard, mais allons-y progressivement.

– Oui, allons-y progressivement.

– Ses parents se réjouissent de voir qu'il s'installe avec une fille de souche kabyle. En Algérie, je l'ai peut-être déjà dit, les Berbères c'est ce qu'il y a de mieux. Avant le mariage, il se trouve un travail dans une agence de voyages. Il donne l'impression de vouloir se stabiliser. Ça me semblait juste. J'étais la seule à travailler, jusque-là, comme secrétaire dans une école. Un CDD renouvelable. Désormais on était deux, l'enfant aurait un avenir.

La sonnette retentit. Elle sursaute. Puis elle se tranquillise.

– Youssef a ses clefs et il ne sonnerait pas.

Elle va à l'interphone et revient.

– Le facteur. Dans ce quartier, il ne sonne toujours qu'une fois.

Je ris bêtement par politesse. Elle se rassied puis reprend :

On se marie à la mairie, avec les deux familles réunies et toute la communauté autour de nous. On danse et on rit. Même le père de Youssef s'amuse. C'est un type qui vit grâce aux aides sociales depuis qu'il est arrivé en Allemagne, il a le mal du pays dans le sang, une mélancolie chronique qui fait qu'on a envie de lui dire : « Écoute, retournes-y, comme ça tu nous débarrasses de cette tronche de dix pieds de long. » Et ben, même lui s'est amusé.

Raja est très communicative, elle est désinvolte et raconte avec plaisir. Elle décrit sa robe et le repas de mariage dans la salle des fêtes du quartier, ce sont des réjouissances aux saveurs populaires qui ont vraiment dû être charmantes.

– Puis notre petite fille naît, Nadège. Il aurait préféré un garçon, mais il fait mine de s'en contenter. À dire vrai, il était fou de joie. À chaque fois qu'un parent disait qu'elle lui ressemblait, il bombait le torse et il faisait la roue comme un paon.

Elle ouvre ses bras gaiement pour m'en donner la mesure. Elle sourit, un peu rêveuse, à ce souvenir, puis elle poursuit :

– À partir du troisième mois, je suis restée à la maison tout en percevant une allocation. Puis j'ai eu droit à six autres mois de congé de maternité. Et lui, que fait-il ? Évidemment il était envieux. Il se fait licencier et il demande les aides sociales comme son père. Ici en Allemagne, ces aides sont très avantageuses si on a travaillé, à condition qu'en attendant de retrouver un travail le type au chômage suive des cours de formation et des trucs dans le genre. Lui au contraire traînassait à la maison toute la journée. Je ne m'en plaignais pas. Il m'aidait avec la petite, il était très attentionné. Il se levait la nuit si elle pleurait, mais ensuite il restait au lit jusqu'à midi. À nous deux, nous gagnions deux mille euros tout rond, ce qui n'était pas mal du tout. L'argent pour les biberons et les cigarettes était assuré.

Gagner n'est pas le terme qui convient, mais je me garde bien de le lui dire. Elle est vraiment lancée, nous réussirons peut-être à terminer avant que Youssef ne revienne, s'il revient bien sûr.

– Au moment de reprendre le travail, je n'en ai plus envie. Regarder mon mari qui se tourne les pouces sur le canapé me fait penser : « Désolée, mais pourquoi est-ce que je ne devrais pas continuer à me les tourner moi aussi ? » Je vais chez le docteur et je lui dis que j'ai une crise de dépression post-natale. Il me prescrit une visite chez un spécialiste et me met un mois en arrêt maladie. Ensuite, le spécialiste me refile des antidépresseurs, que je ne prends pas, et il rallonge la période d'arrêt de cinq autres mois. Quel coup ! Je m'en souviens comme un des plus beaux moments de notre vie. Nous ne faisions absolument rien, nous ne pensions qu'à jouer avec la petite et à regarder la télévision. De temps en temps, je me dis que je dois maigrir, mais je m'en fous. En réalité, quand on ne fait vraiment rien, on mange vachement. Ce n'était pas le bon moment pour me le demander, vous ne croyez pas ?

J'acquiesce en essayant de me montrer convaincu.

– Ses allocations durent deux ans. Au bout d'une année, je dois retourner travailler. J'essaye, il reste à la maison pour garder la petite, mais une semaine me suffit pour en avoir par-dessus la tête. Je me fais alors licencier et je m'inscris pour les allocations. Ils me les accordent, et à partir de là commencent mes deux années de rentes ! Tout allait comme sur des roulettes. Si ce n'est que, au bout de trois mois, je tombe encore enceinte. Lui ne veut pas d'un autre gosse, moi je ne veux plus avorter. Nous nous disputons, il me frappe, mais par chance le fœtus n'en souffre pas.

J'avale ma salive. La légèreté avec laquelle elle débite ces événements très graves me met mal à l'aise. Heureusement, elle ne semble pas s'en rendre compte.

– Que se passe-t-il à ce moment-là ? Il commence à sortir sans me dire où il va et à ne plus rentrer. Moi, entre-temps, je grossis encore, à cause de la grossesse ou de la vie que je mène, je ne sais pas. Le fait est que je prends sept autres kilos. Je ne m'en fais pas, j'ai toujours le même caractère bien trempé, mais ça se voit et Youssef ne laisse pas de répit. Il m'en dit de toutes les couleurs, la petite pleure, nous crions, des scènes pas croyables. Il cesse de me toucher. Quand je m'approche pour lui faire une des petites gâteries qui lui plaisaient tant, je vois que je le dégoûte. Je me sens rabaissée, mais je ne maigris pas. Comment fait-on pour maigrir pendant une grossesse ?

Une pause. J'attends le temps nécessaire pour m'assurer qu'il s'agit bien d'une question n'attendant pas de réponse. C'est en effet le cas, grâce à Dieu.

– La petite sœur de Nadège vient au monde en souriant, blonde comme moi, avec les yeux noirs de Youssef. Fathma, une vraie merveille. Nous nous réconcilions pendant un temps, mais ensuite il me donne le coup de grâce : « Ou tu maigris ou je te largue. » Je ne suis plus aussi forte qu'avant, je suis moins sûre de moi. Je lui dis que je ferai tout pour me mettre au régime. Entre-temps, le sexe, on n'en parle même plus. « Tu as quelqu'un d'autre », je lui dis. « Peut-être ! », il me répond. Que c'est dur, le régime. Le premier réflexe, c'est de maigrir d'un coup, on risque d'y perdre la santé mais on voit les résultats. Le problème, c'est qu'on reprend ses kilos aussi vite qu'on les a perdus. Non. Il faut y aller calmement, il faut des mois si on veut se stabiliser. Des mois de souffrance. Et lui, pendant ce temps, qu'est-ce qu'il fait ?

Une autre pause. Cette fois, elle veut peut-être vérifier si je l'écoute vraiment ou si je laisse le magnétophone faire tout le travail. Je me décide à dire :

– Que fait-il ?

– Il mange par-ci, il picore par-là, il commence à prendre les kilos qu'il n'avait pas. Je proteste : « Ce n'est pas juste, je me prive et tu t'empiffres. » Il s'en fout. « Tu grossis », je lui fais, il répond qu'il peut les perdre quand il veut, ces kilos-là, pas comme moi. Il sort toujours, avec ses amis, c'est ce qu'il dit. Et moi je reste à la maison avec les petites. Ce n'est pas la meilleure façon de profiter de ses allocations, vous ne croyez pas ?

Je m'apprête à répondre « Oui, je crois », mais Raja continue déjà :

– Mais le moment de la fin de ses droits arrive. Il devient nerveux, il s'agite à la maison, il me donne une gifle dès que je dis quelque chose et il sort. Ce n'est pas une vie. « Tu dois te trouver un travail, on ne s'en sort pas juste avec mes allocations. » Une baffe. Un jour, j'en ai eu marre et je lui ai donné un coup de poêle sur la tête. Les voisins ont appelé les pompiers. Ils n'en pouvaient plus d'entendre les cris des adultes et des enfants, mais ils n'auraient jamais appelé la police.

Elle s'allume une cigarette.

– Après ça on fait une mise au point. Il dit qu'il cherchera une place de serveur, mais en fait il ne travaille que quelques soirées le week-end, rien de plus. Il doit se réhabituer, je le comprends. Il trouve une place dans une pizzeria, il tient pendant un mois et puis il la lâche. Ensuite il est embauché chez un concessionnaire automobile, mais il ne vend rien. Ils le mettent à l'essai pendant six semaines, après quoi il est renvoyé et il trouve une autre place de serveur dans une autre pizzeria. Bon, si je vous faisais la liste, vous croiriez être à l'ANPE ! Bref, il bidouille et quand arrive mon tour, c'est-à-dire quand je perds mes allocations, je me mets à chercher moi aussi, dans le coin. Évidemment, avec deux filles c'est pas facile d'aller travailler.

– Je m'en rends bien compte.

– En fait je n'y vais pas. Il finit par trouver une place de concierge dans un hôtel et ça semble assez stable. Au bout de deux ans, avec les petites c'est un peu le bordel, mais la première a quatre ans et la deuxième, deux, on commence à réfléchir. J'ai maigri comme vous me voyez aujourd'hui, je n'ai plus repris un kilo, lui au contraire il s'est stabilisé en surpoids. Il y avait des disputes et des gifles comme d'habitude, mais il y avait autre chose en plus...

Il s'agit cette fois d'une pause stratégique, durant laquelle je me tais tout en prenant un air plus intéressé. Raja reprend avec vigueur :

– Au lit, il ne se passait rien. J'avais maigri mais ça ne s'était pas amélioré de ce côté-là. Un peu à cause de la présence des petites, un peu à cause du travail qui le gardait loin de moi à des horaires bizarres, je suis prête à tout comprendre, mais quand on exagère... « Comment, je lui dis, tu me fais toute une histoire parce que je suis grosse, il t'arrive même d'avoir une panne à cause de ça et maintenant que je suis une espèce de top-modèle, tu ne me regardes même pas ?! » Vous comprendrez que c'est assez énervant. Youssef se met dans une colère noire. Il me crie qu'il est un homme avec tous ses attributs, que c'est plutôt moi qui dois avoir perdu mon sex-appeal avec mes kilos. Lui, au contraire, a gardé sa graisse sur le ventre. « Jamais content ? », je lui dis. Et je me prends une baffe, comme d'habitude, les seuls restes de virilité qu'il daigne me manifester.

Raja allume une autre cigarette et elle sourit, comme pour souligner l'ironie de sa dernière réplique.

– Mais notre vie est assez bordélique, entre son travail et le mien, celui d'élever les petites avec lesquelles, je dois dire, il se comporte comme un très bon père, on n'a plus de temps à perdre en discussions. Deux autres années s'écoulent et j'en oublie presque comment on fait l'amour. Si, il se passe bien quelque chose entre nous, mais rien de mémorable, rien qui ressemble à nos performances des débuts. Ce qui, au bout d'un moment, me met la puce à l'oreille. Et s'il avait une autre femme ? J'y avais pensé dans le passé, mais j'en avais aussi laissé tomber l'idée. Et voilà qu'elle se représente à moi de manière encore plus forte. Il reçoit des SMS, mais il dit que c'est pour le travail. Moi, je ne m'imagine pas en train de contrôler son portable : quand on fait ce genre de choses, ça signifie qu'une relation est finie et je n'avais aucune envie de me le dire. Si ce n'est que c'est lui qui m'a incitée toujours plus souvent à y jeter un coup d'œil, à ce maudit appareil. Il le laisse bien en vue pendant qu'il prend son bain, il répond aux appels et s'éloigne pour parler. Il répond à des messages, prétend que c'était son chef. « Ton chef t'envoie des SMS maintenant ? », je lui dis. « Oui, pour économiser sur les coups de téléphone », il me répond.

– En somme, vous avez eu des doutes.

– Qu'est-ce que vous auriez fait à ma place ?

J'hésite. La question, encore une fois, n'attend aucune réponse.

– Un jour, c'est le comble. Il sort en oubliant son portable à la maison. C'est trop. Je le regarde, je détourne les yeux, je le regarde. Je m'approche, je suis sur le point de le prendre, je n'en ai pas le courage. Je vais à la cuisine en le laissant sur la table du salon. Il sonne. J'ai un coup au cœur. Je résiste à la tentation de répondre, je me force à rester à la cuisine, mais je n'y arrive pas. Je cède et j'y vais mais trop tard, c'est-à-dire au moment où il arrête de sonner. Je regarde le numéro, ce n'est pas un numéro, c'est un nom, ça marche comme ça avec les portables, si on l'a enregistré dans son répertoire. Le nom est sibyllin : « Pat ». À quoi ça correspond ce *Pat* ? À Patricia ? Comment ça se fait que cette Patricia l'appelle sur son portable ? Et qui ça peut bien être ? Je n'ai jamais entendu Youssef prononcer ce surnom. Même s'il s'agissait de son chef à l'hôtel, je ne l'ai jamais entendu l'appeler par son prénom, qui en l'occurrence serait Patrick. Je suis troublée, je dois boire un verre d'eau. Je retournc à la cuisinc ct quc sc passc-t-il ?

Une pause. La curiosité me pousse à ne pas attendre. Je demande :

– Quoi donc ?

– L'appareil sonne à nouveau. Cette fois je me précipite, je regarde l'écran et je lis : « Hôtel ». Je réponds et c'est Youssef. Il me fait : « Je ne savais pas où était mon portable et j'ai essayé de l'appeler. Alors je l'avais oublié à la maison. Heureusement que je ne l'ai pas perdu. » « Oui, je réponds, où as-tu la tête ? » « Alors rends-moi un service, éteins-le, ce n'est pas la peine qu'il sonne pour rien. Quand je rentrerai, je le rallumerai et je verrai qui a essayé de me joindre, d'accord trésor ? » « D'accord, mon amour. » Quand je raccroche je me dis qu'une chose est sûre, qui que ce soit, ce Pat n'a rien à voir avec l'hôtel.

Elle s'installe dans le fauteuil avec un air satisfait. Elle est fière de sa propre intelligence. Elle me demande si je veux boire quelque chose et je refuse poliment. Elle est en train de faire jouer le suspens, elle aime raconter et elle sait qu'elle est arrivée à un moment crucial. Chez tous les narrateurs, même occasionnels, la tentation de faire durer ce genre d'attente est très forte. Enfin, elle reprend :

– À ce moment-là, j'ai une idée. Et si avant d'éteindre je recomposais le numéro de cette Pat ? Il me suffirait d'entendre sa voix, sans rien dire, pour comprendre s'il s'agit d'une femme, comme j'en ai bien peur. La tentation est trop forte. Une bonne demi-douzaine de fois, je suis sur le point d'éteindre le téléphone et de tout envoyer promener. D'ailleurs, Youssef pourrait appeler pour voir si je l'ai fait, et s'il le trouvait encore allumé comment je me justifierais moi ? Je dois me décider, et vite. Je cherche l'appel de Pat et j'appuie sur le bouton vert. Ça sonne. À la deuxième sonnerie une voix dit avec un accent bizarre : « Où est-ce que tu étais, petite pute, pour ne pas me répondre ? » Je suis bouleversée, mais pas assez pour ne pas raccrocher et éteindre tout de suite le portable. Je me jette sur le canapé avec le cœur qui bat à cent à l'heure et j'essaye de me souvenir du timbre de la voix que je viens d'entendre. Saloperie, c'est une de ces voix pour lesquelles il n'est pas possible de dire s'il s'agit d'un homme ou d'une femme ! Ça ne vous est jamais arrivé ? Un peu à cause du téléphone, un peu à cause du trouble, un peu aussi à cause de son accent différent, je croyais être prête et en réalité je ne l'étais pas. En fait, un coup pour rien, si ce n'est pour entendre cette sacrée familiarité. Qui se permet de traiter mon Youssef de petite pute ? Peut-être un ami, je sais que ça peut arriver, on se dit un tas de conneries entre amis. Mais là je n'arrivais pas à comprendre si c'était un homme ou une femme, un garçon ou une fille. Vous vous rendez compte ?

– Parfaitement.

– Bien. Je me suis mise à transpirer. J'ai dû prendre une douche en plein après-midi. Au bout de deux heures, Youssef rentre à la maison. Il embrasse les petites, nous nous mettons à table. Il allume son portable et il voit les appels qu'il a reçus. Punaise ! Il se rend compte que dans l'après-midi j'ai appelé cette Pat ? Oui, parce que entre-temps je me suis persuadée que ce n'est pas un ami, mais une pute plus pute que ce qu'elle pense que ne l'est Youssef. Comment j'ai fait pour m'en convaincre ? Je ne sais pas, rester à la maison à ruminer ça joue de ces tours. Mais il n'y fait pas attention, ou c'est ce que je crois. Pendant qu'on mange, il reçoit un SMS. Il le regarde, et puis il referme son téléphone. Il se rend compte que je le fixe et il me dit que c'est l'opérateur du portable qui lui envoie une offre promotionnelle. Cinq minutes s'écoulent et il me fait : « Quel idiot ! J'ai oublié de te dire que ce soir je dois retourner au travail pour deux, trois heures. Celui qui prend son poste après moi a un engagement et j'ai accepté de le remplacer. » Je fais semblant de rien et je lui dis qu'il n'y a aucun problème, que je vais coucher les petites et regarder la télé. Il va à la salle de bains pour se brosser les dents et je fonce sur son portable. Mon pauvre, dès qu'on commence à zieuter sur ces machins-là c'est comme une drogue, on n'arrive plus à se contrôler. Ne le faites jamais.

– Merci du conseil.

– Y'a pas de quoi. Heureusement il n'a pas effacé le SMS, il est là, bien visible. Pat lui écrit qu'ils se retrouvent à vingt et une heures au Mc Do de Friedrich Strasse. Je remets le portable comme je l'avais trouvé et je commence à préparer les petites. Il sort et il me dit : « Mais tu n'allais pas les coucher ? » « Je vais peut-être faire un petit tour dans les jardins en bas, je lui réponds, la saison est déjà avancée et un peu d'air nous fera du bien avant d'aller dormir. » « Comme tu veux. » Il enfile son blouson et il sort. Je vais à l'étage du dessous, chez la voisine qui a eu une petite fille quand j'ai accouché de ma deuxième. C'est une amie et je lui demande si elle peut me les garder une heure, pas plus, je lui dis qu'il s'agit d'une urgence. En échange, je lui garderai la sienne quand elle voudra. Je fonce dans l'ascenseur et je rejoins le sous-sol, je prends le scooter et je file à Friedrich Strasse. Je manque d'avoir un ou deux accidents, mais j'arrive saine et sauve. Je regarde de dehors et je ne vois pas Youssef. Il y a une salle à l'étage supérieur. Inutile d'attendre. J'entre et je m'y précipite. Et qu'est-ce que je vois ?

Cette fois, la pause demande ma collaboration.

– Quoi donc ?

– Je vois mon Youssef dans une attitude assez familière avec un type qui ne semble pas avoir plus d'une vingtaine d'années, les cheveux noirs et frisés, de petits yeux vifs. Ce n'est pas une fille ou une pute comme je m'y attendais. Je ne sais pas quoi penser et de toute manière je n'y pense pas. Je m'approche et je dis : « C'est comme ça que tu travailles ? » Il réplique : « Et toi, c'est comme ça que tu te balades aux jardins ? Où sont les petites ? » « Ne t'en préoccupe pas, elles sont en sécurité. » Et puis je m'adresse au garçon et je lui fais : « Parce que moi je suis la femme de Youssef et la mère de ses deux filles. Je me présente toute seule, vu que mon mari c'est un vrai paysan. » Youssef essaye de rattraper le coup et il dit : « C'est mon ami Patrizio. » Voilà ce que c'était que ce Pat ! Un Italien, voilà ce que c'était que cet accent ! Je suis hyper lancée, les répliques me viennent sans aucune difficulté. Je fais : « Ah, c'est ce Pat qui t'appelle sa petite pute. » Mais Youssef n'est pas moins prêt. « Et toi pourquoi tu l'as appelé avec mon portable, au lieu de l'éteindre comme je te l'avais demandé ? » Le petit jeune fait un sourire en coin malicieux et ça fait tilt dans ma tête. Ces deux-là ne me disent pas la vérité. J'aurais dû me sentir soulagée de voir mon mari avec un ami, mais au contraire je trouve que ça sent encore plus mauvais qu'avant.

Raja s'agite, se lève, inquiète, et se rassied. Elle regarde sa montre.

– Je ne voudrais pas que Youssef arrive et qu'il me trouve là en train de raconter tout ça. S'il le sait, il me tue, et je le comprendrais.

Sa réaction me surprend, mais je me dis qu'il vaut mieux écouter le reste de l'histoire avant d'en tirer des conclusions. D'ailleurs, elle a déjà recommencé à parler.

– Où est-ce que j'en étais ?

– À... à l'ami qui sent mauvais.

– Ah oui. Je décide de jouer de finesse. S'il y a quelque chose de louche, il vaut mieux que je fasse semblant de le savoir, je peux peut-être comme ça en pousser un des deux à se trahir. Je lance : « Ne me racontez pas d'histoires, je sais tout, je sais que vous êtes amants depuis deux ans. » Youssef n'a pas le temps de répliquer. Son petit ami se charge de me faire marronner. « Impossible, nous ne sommes ensemble que depuis un an », dit cet imbécile. Le regard que lui lance mon mari est plus un regard de pitié que de colère. On voit qu'il se sent cuit.

Je m'étonne :

– Non, il a vraiment été aussi naïf ce Patrizio ?!

– Je le jure sur la tête de mes filles. Et je ne dirais pas naïf, je dirais crétin. Là éclate un tel bordel qu'ils nous flanquent presque tous les trois dehors du Mac Donald's. Moi qui hurle comme une folle que mon mari est une pédale pervertie, lui qui me gifle, son petit ami qui essaye de nous séparer. Quel spectacle, un vrai souk. Nous sortons et Youssef ne veut pas venir avec moi à la maison. Je lui demande : « Nous en sommes là ? Tu es à ce point amoureux ? » Il me répond avec une autre baffe, c'est la meilleure manière qu'il a trouvée pour me dire qu'il m'aime. C'est absurde, mais c'est vraiment ce que je pense au moment où je me tiens la mâchoire pour qu'elle ne tombe pas. Qu'est-ce que je suis stupide, hein ? Mais je ne le reste pas longtemps. Je m'enlève une chaussure et, forte du sentiment que j'ai cru trouver en lui, je le frappe sur la tête avec le talon aiguille.

– Non !

– Et ben si ! Vous n'imaginez pas le mal que ça fait, un coup de talon aiguille sur la tête ! Il était prêt à me redonner mon reste, mais nous étions dans la rue et ici à Francfort on ne peut pas faire du tapage sans être remarqués. Quand nous avons vu une voiture de police approcher, Youssef a salué son Patrizio avec un « On s'appelle ! », il m'a prise par le bras et m'a emmenée vers la voiture comme si nous étions un brave petit couple tout juste marié. « J'ai le scooter », je lui dis, mais il fait « Ça ne fait rien, nous viendrons le prendre plus tard » et c'est là que tout se termine.

Elle se tait. J'attends un petit moment par politesse. Puis, en voyant qu'elle ne reprend pas, je lui demande :

– Comment, tout est terminé ?

– Tout est terminé, notre vie d'avant, le mariage tel qu'il l'avait planifié. Plus rien ne serait comme avant. Ça, je le lui ai bien dit une fois de retour à la maison. Nous avons parlé, nous avons bien mis tout au clair. Il m'a parlé non seulement des femmes qui l'ont entretenu quand il était plus jeune, mais aussi des rencontres occasionnelles, des parties de chasse dans les saunas, quand il essayait de satisfaire ses vraies tendances. C'est là que j'ai compris les raisons de son changement quand je suis tombée enceinte de Nadège. Il lui semblait impossible de se créer une façade de beau mâle pour ses amis et ses parents. Au début, il espérait trouver une fille plus présentable que moi. J'étais trop grosse et je lui faisait faire mauvaise figure, l'imbécile, et puis il a vu qu'il n'en trouverait pas d'autres, des filles passionnées comme moi, et quand je dis passionnées je pense aussi stupides. Alors il a dit : « Marions-nous. » Comme ça, avec une femme enceinte, le tour était joué. Il pouvait aller draguer quand j'étais au travail, ou que je croyais qu'il y était, se faire tous les hommes qu'il voulait, ou se faire faire, comme je le lui ai envoyé à la figure ce soir-là, et sa réputation était sauvegardée.

Je n'ai pas très bien saisi la dernière idée. Je l'interromps et je lui demande d'éclairer ma lanterne.

– À propos de se faire faire ? Ah, il aurait voulu continuer à jouer le rôle du super macho qui va avec des mecs seulement pour la leur mettre... bref... vous me comprenez... il voulait absolument me faire croire qu'il était un bisexuel actif, mais d'après moi, s'il avait besoin d'un beau cul, excusez ma franchise, le mien n'avait rien à envier à celui de n'importe qui d'autre. Un cul pour un cul... vous ne croyez pas ?

Elle ondule du bassin comme pour souligner son point de vue. Je hausse les épaules. Je ne sais quoi répondre.

– Bref, reprend-elle, il peut me raconter ce qu'il veut, mais je reste convaincue que s'il cherche un mec c'est pour être passif sexuellement, non actif. Ce n'était pas par hasard si Patrick l'avait appelé petite pute. Ai-je été claire ?

– Oui, oui. Parfaitement.

– Voilà. Et donc une nouvelle musique à la maison. Finies les baffes, il n'a de toute façon plus besoin de me prouver que c'est un homme, je sais très bien qu'il ne l'est qu'à moitié, et basta. Qu'il fasse ce qu'il veut, mais qu'il n'ait plus la prétention de commander à la maison. C'est ce que je lui ai dit, et comme un petit agneau il a reconnu que c'était juste. Je ne veux pas bousiller ma famille pour des choses de ce genre. Avec toute la peine qu'on se donne à apprendre à s'aimer, ce ne sont pas ces bêtises qui vont nous séparer. Les petites ont un père et c'est juste qu'elles continuent à l'avoir. Il aime jouer les tantouses ? Qu'il le fasse, l'important c'est qu'il aille travailler pour subvenir à leurs besoins et qu'il soit présent avec toute l'affection qu'elles attendent de lui. En échange, moi je ne dirais jamais rien de ce que j'ai découvert. Son image de père de famille normal sera sauve. C'était les bases de notre arrangement. Ça me semble sensé, non ?

– Certainement, mais... vraiment... moi je suis ici avec un magnétophone...

– Oui, mais quand Hans m'a demandé s'il pouvait nous mettre en contact il m'a dit que nos vrais noms ne seraient pas cités, ni ceux des petites.

– C'est entendu...

– Voilà, sinon vous ne sortez pas d'ici avec cet enregistrement. (Elle s'est légèrement cabrée.) Et puis ce livre, il ne sortira pas en Allemagne, non ?

– Ben, pour le moment ce n'est pas prévu, mais... on ne sait jamais. Aujourd'hui les livres se traduisent et... vous comprenez...

– Je ne veux pas porter malheur à votre livre, c'est vous l'écrivain. Vous saurez bien comment faire pour préserver notre vie privée.

Je bombe la poitrine et je réponds avec l'air le plus rassurant possible :

– Vous pouvez compter sur moi.

– Bien. Je vous dirai donc que notre vie à partir de là est allée de mieux en mieux. J'ai acquis beaucoup plus de liberté, même si je n'ai pas l'intention d'en faire grand-chose, la famille pour moi c'est ce qui est le plus important...

– Bien sûr.

– Il est donc évident que Youssef ne devra jamais savoir que nous nous sommes parlés. Hans m'a convaincue en me disant que mon histoire pourrait servir à des malheureuses qui n'arrivent pas à s'en sortir toutes seules, c'est pour ça que je l'ai fait.

– Certainement.

– D'accord, alors, nous nous sommes compris.

– Oui, ne vous inquiétez pas, vous avez ma parole d'honneur. Et, dites-moi, comment s'est poursuivie votre relation avec votre mari ?

– De la meilleure façon du monde. Chacun fait ce qu'il veut dans les limites de notre contrat civil, en gardant toujours à l'esprit le bien de nos filles, et nous nous soutenons l'un l'autre comme deux compagnons qu'il n'est pas possible de séparer. C'est un beau résultat, vous savez ? Il n'y a plus de hiérarchie, personne ne commande plus l'autre, chacun assume ses responsabilités et y trouve ses propres satisfactions sans être obligé de demander l'autorisation. Il aime les garçons ? Qu'il fasse ce qu'il veut. Il tient à son image sociale ? Il est si faible qu'il n'ose pas affronter le jugement de sa famille ? Il est libre de vivre avec ses propres peurs. Moi, de mon côté, je veux l'aide d'un homme indépendamment de ses goûts au lit. Je dois dire que depuis que nous nous sommes mis d'accord de cette façon, nous ne nous sommes plus disputés. Tout est allé comme sur des roulettes. Ça fait maintenant trois jours qu'il est absent. Il avait un congé et je crois qu'il a une de ses petites histoires en cours. Bien. C'est moi qui m'occupe des filles. Je ne veux rien savoir mais, s'il a envie de me raconter, je l'écoute. Quand c'est moi qui ai besoin d'un peu de distraction, c'est lui qui s'occupe de tout à son tour.

– Mes félicitations. Et vous arrivez à ce que tout cela fonctionne bien sans jalousie, sans que parfois l'un de vous deux se sente envieux de l'autre pour quelque raison que ce soit ?

– L'envie, ce sont les autres, les autres familles, qui la ressentent vis-à-vis de nous. Nous sommes un couple fidèle. Le sexe n'est plus un problème entre nous. Il nous arrive même de faire l'amour, quelquefois, lorsque nous voulons raviver les vieux instants, et c'est beau, sans plus aucune tension de sa part. Deux personnes qui s'aiment, voilà ce que nous sommes.

– Magnifique. (J'éteins le magnétophone et je le mets dans ma poche.). Je pense que cela suffit.

– Je pense aussi. Mais vous êtes sûr de ne pas vouloir boire quelque chose ?

– Non, merci, tout va bien. Vous avez été très gentille.

– Je vous en prie.

Je me lève et elle avec moi. Alors qu'elle me raccompagne à la porte, quelqu'un tourne la clef dans la serrure. Raja me regarde avec un peu d'appréhension. Je la tranquillise du regard à mon tour. Youssef entre et nous trouve tous les deux debout dans l'entrée. Sa femme nous présente. Elle ne dit pas que je suis écrivain ni la raison pour laquelle je suis là.

– C'est un ami de Hans, explique-t-elle.

– Ah., répond Youssef.

Il a deux yeux comme des tisons ardents, Raja l'a bien décrit. La poignée de main est ferme, chaleureuse.

– Vous devez vraiment partir ?, me dit-il tout en m'adressant un sourire charmeur.

– À vrai dire, oui, je suis désolé.

– Nous nous reverrons peut-être une autre fois, lorsque vous reviendrez voir Raja.

J'ai la nette impression qu'il est en train d'essayer de me séduire.

– Ce sera difficile, je repars demain pour la France.

– Dommage. Ah, les vertes étendues de la France, la belle ville de Paris...

– Eh oui, alors au revoir.

Je sors avec une étrange sensation. Youssef est un chasseur de gros calibre, un de ceux qui ne laisse pas échapper une proie. Loin de me sentir flatté par ses attentions, je me demande combien de temps encore peut durer la vie idyllique décrite par Raja. Pour le peu qu'en savait son mari, j'aurais pu être un de ses amants à elle. S'il commence à faire sans vergogne la cour aux amis de sa femme, leur parfaite union est destinée à faire naufrage.

Je repense encore à tout cela dans le train, le lendemain, alors que le wagon m'emmène en me berçant vers la frontière. Raja a eu quelques instants de coquetterie, au cours de notre conversation, mais elle n'a absolument pas cherché à me flatter du point de vue érotique. Lui en revanche n'a eu aucune retenue, en essayant de faire sensation sur moi. Encore une fois nous les hommes, au moment de tirer les conclusions, nous nous en sortons mal.

# *Épilogue*

Les témoignages que j'ai recueillis au cours de ce second travail sont bien plus nombreux que ceux figurant dans ce livre. Les choisir s'est plutôt fait de façon impulsive qu'après une longue réflexion. Les autres histoires recueillies, non moins emblématiques que celles-ci, feront peut-être partie d'une prochaine publication. Je le saurai lorsque, après les avoir réétudiées et reliées à d'autres, qui me reviendront jour après jour en tête, comme attirées par un aimant, je verrai émerger une clef de lecture commune.

Ce qui me semble ressortir de tout cela, lorsque j'observe aujourd'hui les témoignages de Martine, Annunziata, Nancy, Lisa, Margaret, Lea, Maddalena, Cécile, Claudine, Leïla, Anna et Raja, c'est que des femmes ont réussi, avec plus ou moins de difficultés, à se soustraire à l'oppression d'une relation de couple malade. Si elles avaient réagi plus tôt, leurs vies auraient peut-être été moins malheureuses.

Si elles avaient choisi de se faire aider aux premiers signes de mauvais traitements, leur persécuteur n'aurait pas pu rendre plus lourd le joug qu'il leur imposait. Mais elles ont, malgré tout, réagi et c'est ce qui compte. Elles se sont rebellées presque toujours poussées par leur amour pour quelqu'un d'autre, en général leurs enfants. Elles y ont puisé les forces nécessaires à leur émancipation. Le premier élan d'une femme est toujours dirigé vers la protection des êtres chers.

Quoi qu'il en soit, si toutes les femmes avaient cette démarche, si une culture de la dignité de la femme au sein du couple devenait une valeur soumise à aucune discussion, le monde serait bien meilleur. Puisque, comme ces témoignages nous le montrent, ce sont presque toujours les femmes qui rendent ce monde vivable, y compris pour les hommes.

# *Table des matières*

Cet ouvrage a été achevé d'imprimer
pour le compte des Éditions Alban
par Pulsio.net à Sofia, Bulgarie

Dépôt légal 4e trimestre 2007
*Imprimé en Europe*